50にして天命を知る

大人の御朱印

重信秀年

JN069732

東京新聞

まえがき

大人には参拝すべき社寺がある

寺や神社の参拝に朱印帳を持参し、御朱印を集める趣味が人気だ。少し前まで御朱印は、札所めぐりの巡礼が専用の納経帳や判衣に授かるものといったイメージがあった。しかし、今は若い男女が朱印帳を持ち歩き、寺や神社の授与所で気軽に押印をお願いしている。

何事にも効率が求められ、手間のかかることはやめてしまうこの時代に、一枚一枚筆に墨を含ませて書き、手で印判を押した御朱印は、実に魅力的だ。旅行や街歩きに出かけて訪れた寺社で御朱印をいただくと、心が少し豊かになった気分になる。

自宅にいても朱印帳を開いて見返すと、参拝したときのことを思い出す。朱色と濃い墨で構成された紙面は、清々しさや美しさを感じさせる。御朱印集めには、ほかのものでは得られない喜びがある。

「御朱印を集めているが、神や仏を信じているのか」と問われると、私はあまり信心深くない。

鎌倉の将軍、源実朝《さねとも》が詠んだ「神といひ仏といふも世の中の人の心のほかのものかは」という歌がある。「神や仏と呼ぶが、結局それらは私たち自身の心の中に存在しているだけではないか」と実朝は考えているようだ。しかし、そう思いつつも神仏を否定してはいない。

私を含め、今も日本では多くの人が神社や寺に参拝して、開運や健康や幸せを祈る。現代の私たちも心のどこかで神仏の存在を信じているのだろう。

だが、五十歳を過ぎた私に、縁結びや合格祈願の社寺は、すでに縁がない。かといって自分の健康や家内安全ばかり祈るほど、現状では困っていない。これからの人生のために、運気の開ける社寺があればお参りもしたいが、できれば、素晴らしい風景に出会う驚きや興味深い歴史を知る楽しみを求めて出かけたい。そのような同好の士に向けて、関東甲信越の古社古刹を中心に選抜してみた。

「御朱印は仏の分身、神の分霊」と尊ぶ人もいれば、「御朱印は神札やお守りではなく、参拝の証《あかし》に過ぎない」という人もいる。しかし、いずれにしろ自分がお参りした社寺の御朱印は、何かを求めて歩いた軌跡であり、本人には宝物である。

重信　秀年

目次

50にして天命を知る大人の御朱印

第3章 「運気を開く」御朱印めぐり10社寺

東京大神宮
東京都千代田区

明治十三年、伊勢神宮の遥拝殿として創建された「東京のお伊勢さま」。神前結婚式創始の神社で、良縁を願う人が多い。御朱印は社名の墨書と社印でシンプル。

寒川神社
神奈川県高座郡寒川町

身に降りかかるあらゆる厄災を取り除く、八方除《はっぽうよけ》の神として知られる。中央に「相模國一之宮寒川神社」、右上に「八方除」の印。添えられた川波の模様が鮮やか。

香取神宮
千葉県香取市

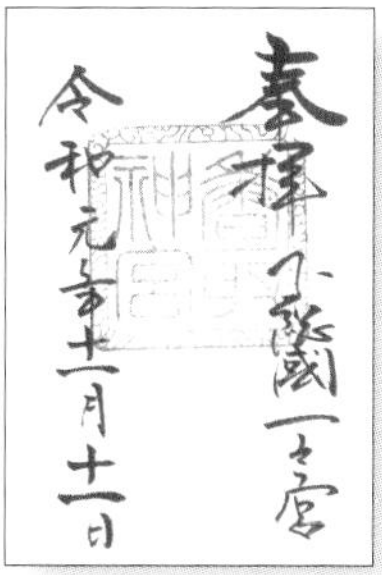

鹿島神宮とともに武神としてあがめられてきた関東有数の古社。祭神の経津主大《ふつぬしのおお》神《かみ》は、出雲の大国主神に国譲りをさせた神。右下に「下総国一之宮」と墨書。

高麗《こま》神社
埼玉県日高市

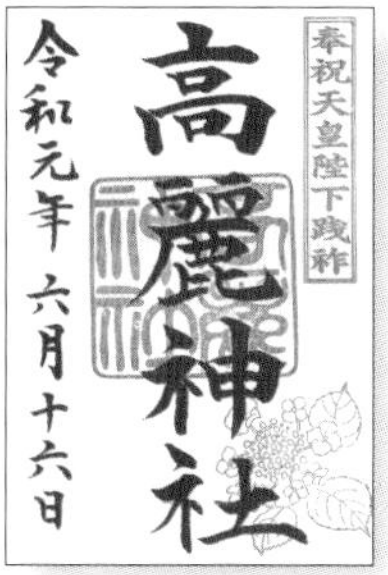

奈良時代、朝廷は武蔵国に高麗郡を設け、高句麗《こうくり》から渡来した人々の安住の地にした。そのときの首長、若光《じゃっこう》をまつる。参拝した季節の花の印を押してくれる。

目次

第6章 「人生の意義を悟る」御朱印めぐり10社寺

一之宮貫前《ぬきさき》神社
群馬県富岡市

御朱印の社名と印が示すように上野国《こうずけのくに》（群馬県の旧国名）一之宮。武神の経津主神をまつり、坂東武者の崇敬を集めた。現在の社殿は徳川三代将軍家光の造営。

大谷寺《おおやじ》
栃木県宇都宮市

大谷石の産地にあり、磨崖仏の千手観音を本尊とする。「千手大悲殿」は本尊をまつる堂のこと。坂東三十三観音霊場の札所《ふだしょ》のため、「坂東十九番」の印がある。

浅間神社
山梨県笛吹市

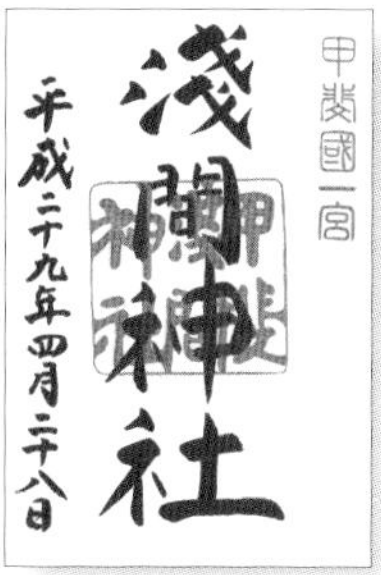

甲斐国の一の宮。祭神は富士山の神、木花《このはな》開耶《さくや》姫命《ひめのみこと》。垂仁天皇のとき、山宮神社がある地にまつり、平安時代の貞観噴火の翌年、富士を鎮めるため現在地に遷宮。

穂高《ほたか》神社
長野県安曇野市

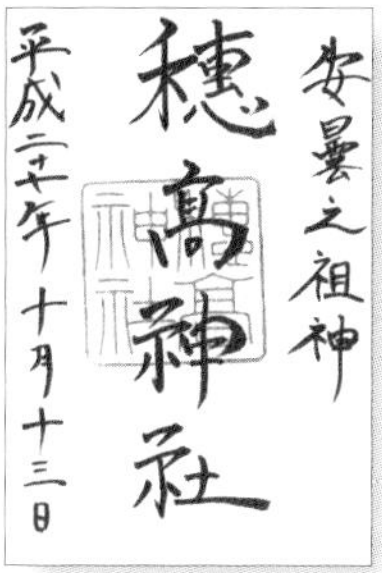

北アルプスの穂高岳に降臨し、安曇野を開拓した穂高見命《ほたかみのみこと》をまつる。室町時代頃に作られた『御伽草子』ものくさ太郎の主人公、信濃中将もまつられている。

目次

国上寺《こくじょうじ》
新潟県燕市

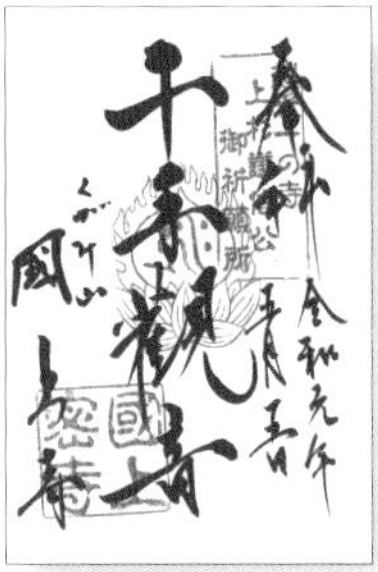

越後有数の古刹。御朱印は「千手観音」の種子《しゅじ》「キリーク」を記した宝珠宝印に尊名。右上に「越後一の寺」とある。良寛が住んだ五合庵の御朱印もいただける。

常陸国総社宮《ひたちのくにそうしゃぐう》
茨城県石岡市

総社は主要な祭神を一カ所に集めた神社のこと。古代の石岡には常陸国の国府があり、国司の便宜のため、六柱の神々と常陸国諸神を国衙《こくが》(役所)の近くに合祀した。

第1章

御朱印の基礎知識
―いただき方のアドバイス

御朱印の基礎知識1

御朱印とは何か

起源は伝説の宝印にさかのぼる

御朱印は、寺の本尊印や神社の社印を押したものだ。朱色の印影のため、「朱印」と呼び、本尊名や神社名が墨で書き添えられていることが多い。一般に、昔は「写経を納めた証《あかし》」だったが、今は「参拝の証」として寺社が授与すると説明されている。

御朱印の起源は、日本で最も古い観音霊場「西国《さいこく》三十三所《さんじゅうさんしょ》」の宝印《ほういん》にさかのぼるという説がある。奈良時代、大和国（現在の奈良県）長谷寺《はせでら》の徳道《とくどう》上人は危篤に陥ったとき、閻魔大王から「人々を救うため、三十三所の観音霊場をつくり、巡礼を勧めよ」と告げられ、三十三の宝印を授けられて生き返った。上人は、宝印を

❖ 青岸渡寺《せいがんとじ》の御朱印 ❖

「普照殿」と墨書し、本尊の如意輪観音の種子「キリーク」を記した法印を押す。右上に「西國第壹番札所」の印。左下に「那智山」と書き、「那智山納経所」の印。

西国三十三所の第一番札所、青岸渡寺（和歌山県）

納める三十三か所の寺を探して旅に出たが、誰も信じてくれないため、摂津国（現在の兵庫県）の寺に宝印をまとめて納めた。平安時代になり、花山《かざん》天皇が、その宝印を持って回り、西国三十三所を中興した。徳道上人や花山天皇の話は伝説に過ぎないのだが、西国三十三所の信仰が広がり、坂東三十三観音や秩父三十四観音ができた。

写経を受け取った証明に始まる

平安時代には、平清盛《たいらのきよもり》が平家一門の繁栄を祈願して厳《いつく》島《しま》神社に納めた『平家納経《へいけのうきょう》』のように経典を書き写し、寺社に納める風習があった。納経の際、受取証として渡した「納経印」が、「御朱印」の始まりだともいう。

中世から近世にかけて、『法華経《ほけきょう》』を書写して全国の寺社に納めて歩く、六十六部《ろくじゅうろくぶ》やそれを略して六部と呼ぶ行者がいた。彼らは納経を次第に簡略化させ、写経の代わりに名前などを記した札を納めたり、仏前で経を読んだりするだけで、持参した「納経帳」に印をいただくようになった。それが「朱印帳」の始まりだ。四国八十八

❖ 長谷寺の御朱印 ❖

十一面観音の種子「キャ」を納めた宝印に観音菩薩の像を安置した堂を表す「大悲閣」の墨書。右上に「西国第八番」、左上に長谷寺の登廊の図に「西国三十三所草創1300年」の印。

桜、牡丹、紅葉の美しさでも知られる長谷寺（奈良県）

❖ 出雲大社の御朱印 ❖

中央に「出雲大社」の社印を押し、大きく「参拝」と書く。ほかは参拝の年月日だけで、社名は墨書していない。飾り気がなく、鷹揚で、風格のただよう御朱印。

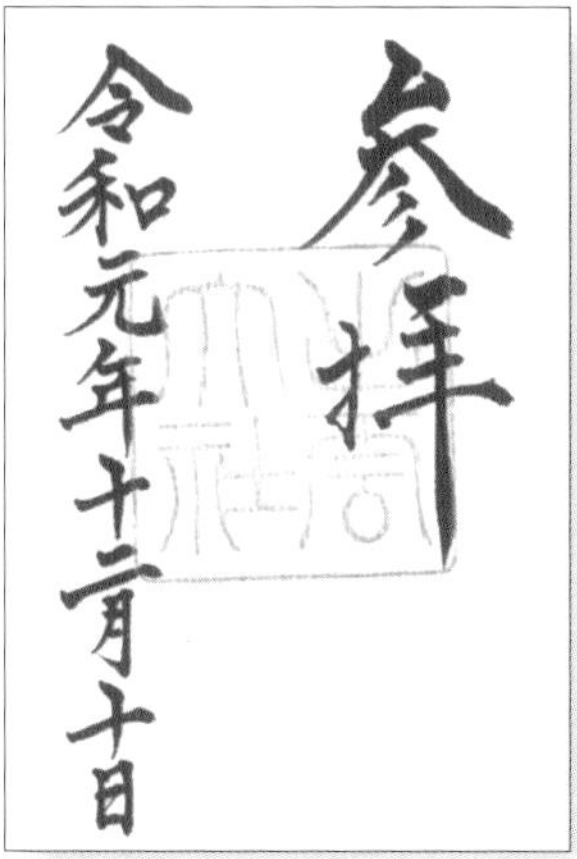

❖ 鹽竈《しおがま》神社の御朱印 ❖

境内に鎮座する志波彦神社と見開きでいただける。印は「延喜式内明神大社」「志波彦神社」「奥州一ノ宮」「鹽竈神社」。墨書は「奉拝」「陸奥國一之宮」と年月日。

ヶ所の巡礼も納め札や読経によって、「納経印（御朱印）」を受け取っている。

現在は、一般に読経や納め札も省略し、寺や神社に参拝して御朱印料を納めれば、御朱印を授かることができる。そのため、昔は御朱印に「奉納経《ほうのうきょう》」と書いたが、今は「奉拝《ほうはい》」と書く寺社がほとんどである。

自由に参拝して集印を楽しむ

日本の巡礼は、西国三十三所、坂東三十三観音、四国八十八ヶ所のように、札所を順番にたどっていくものが多い。海外にも巡礼という信仰の形式はあるが、日本のように聖地（札所）に番号を付け、それを順にたどらなければならないものは珍しい。

近年盛んな御朱印を集める参拝が、札所をまわる巡礼と大きく異なる点は、順番にたどらなくてもよいことだ。それぞれの人が、自分の思いにもとづいて、各地の寺社を自由に参拝し、集印している。御朱印集めは巡礼のような修行の旅ではなく、行楽的なものなのである。

御朱印の基礎知識1

鎌倉の明月院で御朱印を求める参拝者

❖ 明月院の御朱印 ❖

「仏法僧宝」の三宝印を押し、本尊の名号「聖観世音菩薩」と墨書。右上「鎌倉観世音第三十番」の印と「奉拝」の文字。左に「福源山明月院」と書き、「明月院」の印。

御朱印に導かれて寺社参り

御朱印を集める人の増加とともに、マナーの良くない参拝者が増えたのだろうか、「御朱印の心得」を境内に掲示したり、朱印帳を授与する際の間紙《あいし》に印刷して渡したりする寺社が増えた。内容は「御朱印は、本来、写経を納めていただくものであり、観光記念のスタンプではない。集印を目的にした参拝は、本末転倒である」といった苦言が多い。

私自身は、御朱印をいただく前に本堂や拝殿に参拝するよう心がけてはいるが、写経を納めたことや経典を読《どく》誦《じゅ》したことはほとんどない。御朱印を求めて寺社に参り、それがきっかけで、なにがしかの神徳や仏縁にふれることができればいいと気楽に考えている。実際に、御朱印集めを楽しみにしなければ、訪れることはなかったであろう寺社が、いくつもある。「牛にひかれて善光寺《ぜんこうじ》参り」のたとえではないが、御朱印に導かれてお参りして、得たものは大きい。

御朱印の基礎知識2

神社の御朱印の見方

中央の「社印」が最も重要

神社の御朱印は、中央に「神社名」が大きく墨書され、その上に朱の「社印」が押され、右側に「奉拝《ほうはい》」や「参拝」の文字、左側に「参拝の年月日」が記されていることが多い。さらに、社印の上部などに「社紋」を押印する神社や「延喜式内社《えんぎしきないしゃ》」「○○国一宮《いちのみや》」「○○総鎮守《そうちんじゅ》」「縁結びの神」といった社格、地名、神徳などを押印または墨書する神社もある。

一方で、伊勢神宮や出雲大社のように「社印」を押すのみで、「神社名」を墨書しない神社もある。どちらかというと、古式にこだわる神社に、その傾向が強いようだ。

神社の御朱印とは中央に押された「社印」のことであり、それ以外に添えられた印、墨書の有無や位置はあまり問題ではなく、神社によってまちまちなのである。

◆氷川神社の御朱印

中央に「八雲」の社紋と「氷川神社」の社印を押し、「武蔵一宮氷川神社」と墨書。右上に「奉拝」。雲を図案にした社紋は、須佐之男命が祭神の神社に見られる。

◆湯島天満宮の御朱印

中央に「湯島天満宮印」を押し、「湯島天満宮」と墨書。湯島天神として知られるが、現在の正式名称は湯島天満宮。右上に「奉拝」、左に参拝した年月日。

◆浅草神社の御朱印

❹年月日
参拝した年月日を記していただける。三社祭の時に参詣したため、「令和元年三社祭」となっている。

❷社名
浅草神社は御朱印の社名を旧字の「淺」や４画の草冠で書いている。社名に旧字を使う神社は多い。

❸「奉拝」の文字
奉拝には「つつしんでおがむ」という意味がある。

❶社紋「三網紋」
中央に神社名の「社印」を押して御朱印とする神社が多いのだが、浅草神社は縁起に由来する社紋（神紋）「三網紋」の印を押す。

❻「御祭礼」の印
「御祭礼」は三社祭のこと。例祭などのとき、特別な印を押してくれる神社は多い。

❺「淺艸神社」の印
「艸」は草の異体字。神社の御朱印は、この位置には印のないものが多いが、浅草神社は社名の印を押す。社務所印を押す神社もある。

◆大國魂《おおくにたま》神社の御朱印

中央に篆書の「大國魂神社印」を押し、「武蔵總社」と二行に書き、「大國魂神社」と墨書。右上に「奉拝」。左に年月日を書き、「大國魂神社社務所印」を押す。

◆日枝《ひえ》神社の御朱印

「日枝神社」の社印を押し、「日枝神社」と墨書。右の書き込み「皇城之鎮」は、皇居の鎮護を意味する。右下と左上の植物の印は、神紋にちなむ「二葉葵」。

御朱印の基礎知識3

寺院の御朱印の見方

中央の「宝印」が御朱印

寺の御朱印は、中央に「本尊」の名や、本尊を安置してある「堂」の名、または「大悲《だいひ》（観世音菩薩）」「医王《いおう》（薬師如来）」など本尊の異称に、まつっている建物を意味する「閣」や「殿」を付けた文字が、大きく墨書され、その上に「宝印」が押されている。この宝印こそが、御朱印である。

宝印には、宝珠形の中に本尊を表す「種子《しゅじ》」と呼ぶ梵字《ぼんじ》（サンスクリット語を記す文字）を入れたもの、「仏法僧宝」の文字を刻んだもの、山号や寺号を刻んだものなどがある。

右上には「奉拝」の文字があり、寺の所在地、札所番号、特色などを記した印が押されることが多い。左下には、寺の名が墨書され、「寺院印」が押してある。参拝の年月日は、右側に書く寺もあれば、左側に書く寺もある。

◆建長寺の御朱印

「仏法僧宝」の三宝印に「南無地蔵尊」と墨書。右上に「天下禅林」の印。左上に「地蔵菩薩像」を彫った印。「大本山建長寺」と書き、「建長」の印を押す。

◆深大寺《じんだいじ》の御朱印

釈迦堂に安置する国宝の釈迦如来像を表す「白鳳佛」を墨書し、「令法久住利益人夫」印を押す。右は「白鳳釈迦如来」印、「奉拝」と年月日。左は深大寺と書き、「東日本最古の国宝仏」印と「深大寺」印。

◆寛永寺の御朱印

❷「瑠璃殿」の文字
「瑠璃」は、寛永寺の根本中堂にまつられている本尊、薬師瑠璃光如来（略して薬師如来）から。「瑠璃殿」は薬師如来を安置しているお堂。

❸寺紋
徳川将軍家の菩提寺であるので、「三つ葉葵」の紋を使用。

❹「奉拝」の文字
奉拝には「つつしんでおがむ」という意味がある。

❶宝珠宝印
薬師如来を表す梵字の種子「ベイ」が入っている宝珠の印。

❻山号
寛永寺の山号「東叡山」は、東の比叡山を意味して付けられた。

❼寺号
「寛永寺」の寺号は、創建された江戸時代の年号から命名。

❺年月日
参拝した年月日を記していただける。

❽寺印
「東叡山寛永寺」と刻んだ印。

◆久遠寺《くおんじ》の御朱印

中央に「日蓮宗總本山」の印を押し、御題目「南無妙法蓮華経」を墨書。右に「宗祖棲神之霊場」の印と元号年月日。左に「身延山久遠寺」と書き、「身延山」の印。

◆高幡山金剛寺の御朱印

「大日如来」の種子「バン」と尊名を墨書し、三宝印を押す。大日堂の天井にちなみ「鳴り龍」と書き添える。右上「清和天皇勅願所」の印。左下「武州高幡山」の印。

御朱印基礎知識4

御朱印を集める準備

授与所で朱印帳を入手する

御朱印の収集は、「朱印帳」があれば、すぐに始められる。朱印帳は文具店などでも購入できるが、寺社の授与所で入手すると、参拝の記念品にもなる。

「和綴《わと》じ」のものもあるが、長い白紙を折り畳んだ「折り本」の形態のものが多く、朱印や墨書が裏写りしないように紙が二重になっており、表裏に御朱印をいただくことができる。

朱印帳を鞄に直に入れたり、むき出しで手に持っていると、汚れたり、濡れたりする心配がある。集印を続けることにしたら、朱印帳を納める「袋」があると便利だ。

桜と富士が描かれている富士山頂上浅間大社奥宮の御朱印帳

参詣の旅で入手した御朱印帳(右から伊勢神宮、仁和寺、中尊寺金色堂、青島神社)。中尊寺のものは「奉納経集印帳」になっている。

平安絵巻のような美しい子安神社の御朱印帳

荒波に立つ神磯の鳥居を描いた大洗磯前神社の御朱印帳

社紋の「三網紋」に霊獣を配した浅草神社の御朱印帳

菊菱の柄の光沢ある布地が上品な明治神宮の朱印帳

袱紗《ふくさ》で包むのも洒落てはいるが、出し入れは口をひもで締める巾着の方が楽だ。御朱印袋は、どこの授与所にもあるわけではないので、見かけた際、気に入ったものがあれば、入手しておこう。

歩きやすい靴をはいて参拝

寺社の参拝で、意外に重要なのが、靴だ。歩きやすく、滑りにくい靴をはくようにしよう。境内は手入れが行きとどいていても、土や玉砂利の参道を歩くことになる。古刹や古社の石畳の道や石段は、長い年月、参拝者に踏まれ、磨かれたようになっていて滑りやすい。雨の日の参拝は、特に足元に気を付けよう。

あと、必要なものは、御朱印を受け取る際に納める「御朱印料」である。寺では納経料、神社では初穂料《はつほ》という呼び方もする。三百円から五百円のところが多いので、百円硬貨を多めに財布に入れて出かけよう。

御朱印の基礎知識5

神社の御朱印のいただき方

参拝の証明として、御朱印をいただく

御朱印は参拝したことの証《あかし》であり、祭神を拝することなく入手した御朱印に意味はない。御朱印を授かる前に、まず拝殿に拝礼しよう。

ただし、近年の御朱印ブームで御朱印の授与を希望する参拝者が急増したため、社寺によっては、集印者を長時間待たせない配慮から、朱印帳を朱印受付所や授与所に提出してから参拝し、拝礼後に再び立ち寄って受け取ることを勧めていることもある。社前にそのように掲示してある場合は、指示に従って構わない。もちろん、参拝後に朱印帳を提出して、できあがるのを境内で待ってもよい。

私は、時と場合によるが、多少時間がかかっても参拝後に朱印帳を提出する方が、気持ちが落ち着くため、そうすることが多い。社寺の境内で世俗を離れて過ごす時間は、心身を豊かにしてくれるような気がして、待つことがあまり苦にならない。

神社の参拝の仕方

1 鳥居をくぐる前に立ち止まって一礼。
気持ちを引き締めて境内に入る。
2 拝殿に向かう。参道の正中《せいちゅう》（真ん中）は神の通り道のため、
外して歩いた方がよいという。
3 神前に出る前に手水舎《てみずや》に寄り、手や口を清める。

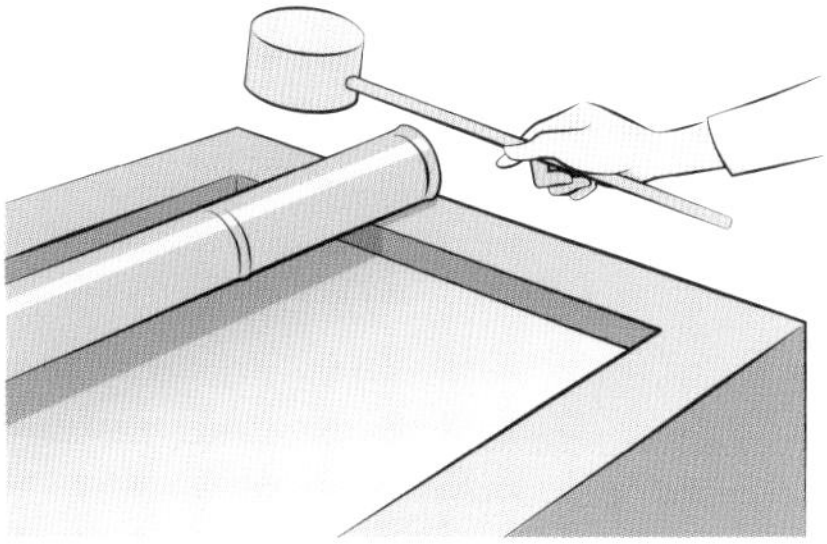

●手水の作法

（1）右手で柄杓《ひしゃく》を持ち、水を汲み、
左手を清める。
（2）柄杓を左手に持ち替え、
右手を清める。
（3）左手で水を受け、口をすすぐ。
（4）柄杓をゆっくり立て、
残った水を柄《え》に流し清める。
（5）柄杓を元の位置に戻す。

神社の参拝の仕方

4 拝殿に進み、姿勢を正す。

5 鈴があれば鈴を鳴らす。
賽銭《さいせん》箱に賽銭を入れる際は
投げ込まず、静かに入れる。

6 拝礼の基本は、
二拝二拍手一拝《にはいにはくしゅいっぱい》（二礼二拍手一礼）。

●拝礼の作法

（1）深いお辞儀を2回行う（二拝）。
（2）胸の高さで両手を合わせ、
　2回打つ（二拍手）。
（3）願い事をする。
（4）深いお辞儀をする（一拝）。

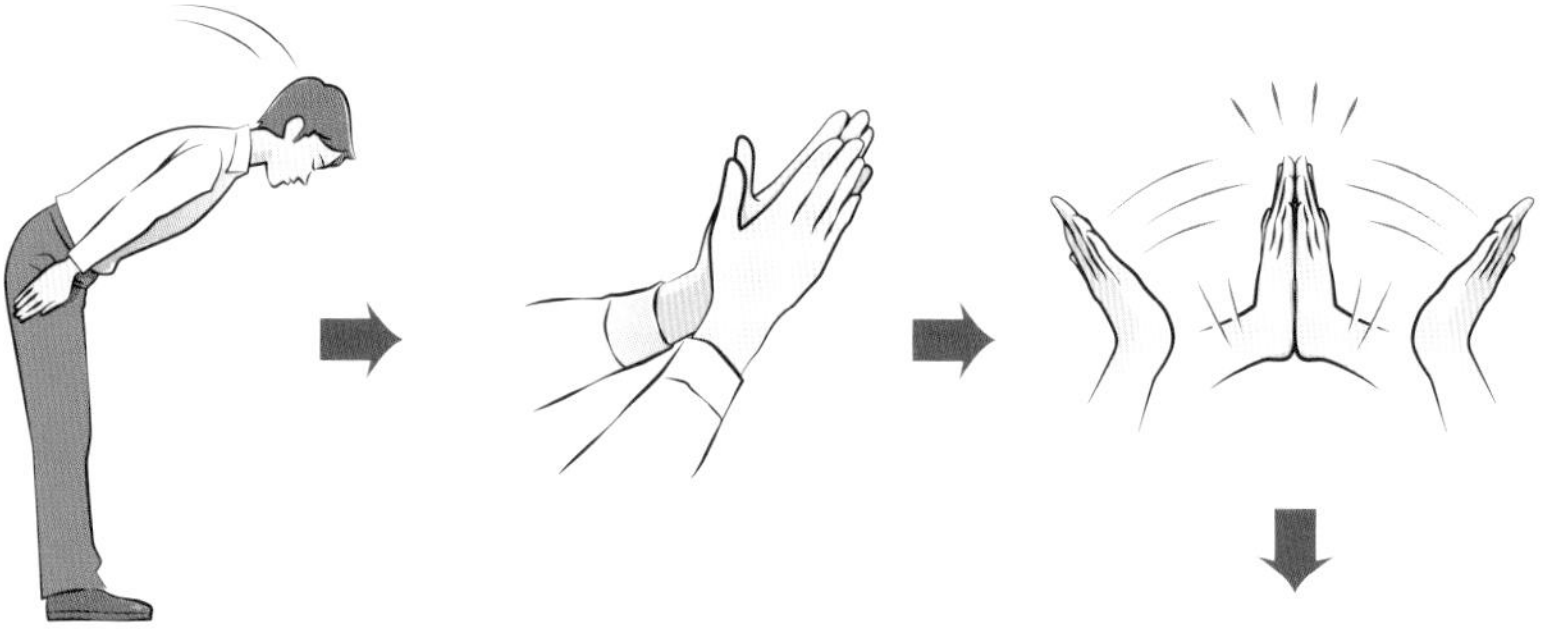

神社の拝礼は「二拝二拍手一拝」が基本
（群馬県板倉町、雷電神社）

7 社前を退く。拝礼の動作は、終始、
神への感謝の気持ちをこめて丁寧に行う。
8 御朱印をいただく。

●御朱印のいただき方

(1) 朱印受付所や授与所に「朱印帳」を開いて提出する。
カバーなどは外して書きやすくして渡す。
(2) 墨書、押印してくださる間、静かに待つ。
時間がかかる場合は、取り違えなどを防ぐため、
番号札を渡してくださる社寺も多い。
(3) 授与される際には丁寧に受け取り、初穂料《はつほりょう》(御朱印料)を納める。
御朱印の初穂料は、三百円や五百円に決めている神社が多い。
決まっていない場合は、その範囲内で納めるとよい。

御朱印は境内の御朱印受付所、お札授与所、社務所などでいただける(鹿児島県、霧島神宮)

御朱印の基礎知識6

寺院の御朱印のいただき方

本堂にお参りし、落ち着いた心でいただく

寺院の御朱印は、その寺や堂の本尊を礼拝した証明として授与されるものだ。本尊を拝むことなく集印に励むのは、心得違いである。寺の門をくぐったら、まずは本堂にお参りしよう。長年授かりたいと思っていた御朱印をいただけるのはうれしいことだが、はやる気持ちは抑えて、本尊に手を合わせ、落ち着いた心で礼拝しよう。

大きな寺では、堂ごとに御朱印を用意していることがある。その一方、すべての寺社で御朱印をいただけるわけではない。住職の考えで授与していない寺もあれば、正月などを除いて僧侶や神職が不在の所もある。授与していただけない場合は、その状況を素直に受け入れよう。また、書き置きの御朱印を用意している寺社もある。書き置きをいただいた場合、日付が記されていなくても気にすることはない。仏や神と縁を結べたことが大切なのであり、いつ参拝したかは重要ではないのだ。

寺院の参拝の仕方

1 山門の前で立ち止まって一礼、または合掌《がっしょう》一礼してから、境内に入る。
寺院の参拝の作法は、厳密には宗派や寺によって異なるが、
仏を敬って行動すれば、たとえ作法どおりでなくても、
広い心を持っている仏は許してくれるはずだ。

2 手水舎に寄り、手や口を清めてから本堂に向かう。
手水の作法は神社と同じ。
3 灯明台《とうみょう》があればろうそくをあげる。
香炉があれば、線香を焚く。

本堂の前に置かれた香炉（東京都青梅市、塩船観音寺）

4 本堂の前に立ち、鰐口《わにぐち》があれば優しく鳴らす。
　賽銭を入れる際は静かに入れる。
5 合掌礼拝する。

●礼拝の作法

(1) 胸の前で両手を合わせる。拍手《かしわで》は打たない。
(2) 仏の姿を心の中に思い浮かべ、仏名《ぶつみょう》を唱え（念仏）、
　祈り、願い事をする。
(3) 最後にお辞儀をする。

●「合掌の意義」

合掌は、インド古来の礼法で、仏教とともに日本に伝えられた。インドの人たちは、右手を神聖な手、左手を不浄な手と見なし、合掌によって右手と左手を合わせることは、人間の中にある神聖な面と不浄な面を合一させることになり、そこに人間の真実の姿が現われると考えた。合掌という行為は、自分が真実の姿になって、仏に祈ることなのである。

6 本堂の前を退く。礼拝の動作は、終始、仏を尊ぶ気持ちをこめて丁寧に行う。
7 本堂に上がることができる場合は、靴を脱いで上がり、仏の近くで礼拝してもよい。
8 御朱印をいただく。

●御朱印のいただき方

(1) 朱印受付所や納経所に「朱印帳」を開いて提出する。
大きな寺は堂ごとに御朱印があるなど、複数の御朱印を授与していることが多いため、希望する御朱印をはっきりと伝えないと、欲しい御朱印とは違うものをいただくことになりかねない。わからない場合や迷うときは、受付の人にたずねる。
(2) 墨書、押印してくださる間、静かに待つ。
(3) 授与される際には丁寧に受け取り、納経料(御朱印料)を納める。

9 本堂以外の堂も礼拝し、境内の石碑、石仏なども見るとよい。

毘沙門天をまつる寺の境内では、虎の石像を見かけることがある(東京都新宿区、善国寺)

集印について思うこと

俳句が記されている子安神社（東京都八王子市）とその摂社、金毘羅神社の御朱印。どちらも作者は俳人の山口誓子

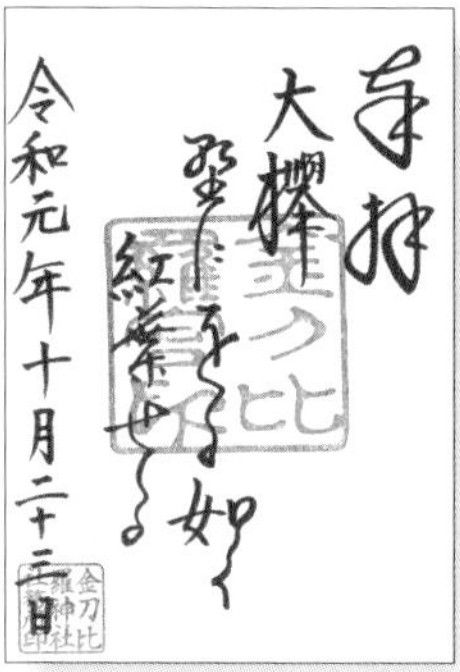

「大欅　野にをる如く紅葉せる」

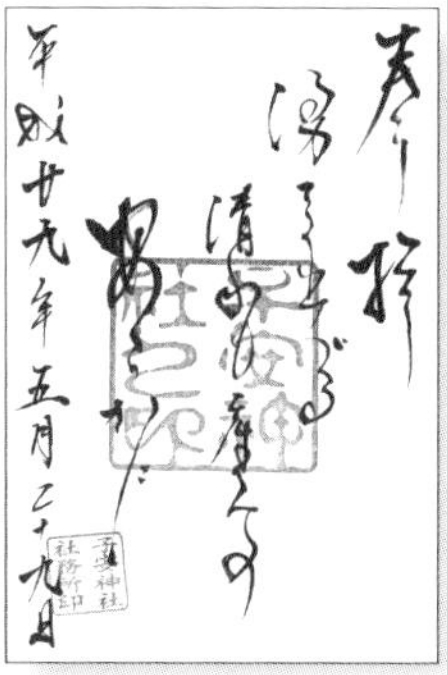

「湧き出づる　清水も産みの安らかに」

御朱印を集めることを薦めておいて逆説めくが、集印にこだわりすぎると、御朱印集めは楽しくなくなってしまう。集めることに心がせかされるためだろう。それに、物に執着しすぎるのは、仏も神もよしとしないようだ。仏教は執着を絶つことを教えているし、神は古い物よりも新しい物を好む気がする。御朱印は寺社を参拝したついでにいただき、集まった範囲で満足するといった程度がよい。

神社と寺と朱印帳を分けるべきだという人がいる。私は分けてはいないが、それで心が落ち着くならよい方法だと思う。しかし、やはり分けなくてもよいとも思う。奈良時代から江戸時代まで続いた神仏習合の歴史を持ち出さなくても、私たちの祖先は、さまざまな面で「境《さかい》をまぎらかす」ことを好んだ。それは調和とまではいかなくても、対立させず、どちらの良さも取り入れるための知恵だったのだろう。神社と寺の御朱印が混ざり合って自然な感じになっている朱印帳が、私にとっては理想だ。

第2章

熟年世代が絶対参拝すべき社寺ベスト10

第2章 1

戸《と》隠《がくし》神社

天の岩戸が飛んできた聖なる山

奥社参道の杉並木と随神門

戸隠神社五社のうち中社の御朱印。中央に「戸隠神社」の墨書と社印。その下に「中社」の印。右上には「奉拝」の文字に重ねて、鎮座地を示す「信州戸隠山」の印。

古来、名高い霊験の地

戸隠神社は、中社《ちゅうしゃ》、奥社、火之御子社《ひのみこしゃ》、宝光社《ほうこうしゃ》、九頭龍社《くずりゅうしゃ》の五社からなる。中社は天八意思兼命《あめのやごころおもいかねのみこと》、奥社は天手力雄命《あめのたぢからおのみこと》、火之御社は天鈿女命《あめのうずめのみこと》、宝光社は天八意思兼命の子の天表春命《あめのうわはるのみこと》をまつる。本社は、戸隠山の山懐に鎮座する奥社だが、山麓の高原にある中社の社殿が最も大きい。

戸隠山は、どの峰が最高峰か見分けがつかないほど、峨々たる岩峰が連なり、古くから修験の霊場だった。

後白河法皇が「今様《いまよう》」という流行り歌を集めた『梁塵秘抄《りょうじんひしょう》』に「四方《よも》の霊験所は、伊豆の走湯《はしりゆ》、信濃の戸隠、駿河の富士の山、伯耆《ほうき》の大山《だいせん》……」と全国の霊場をたたえた歌がある。平安・鎌倉時

◉祭神　中社／天八意思兼命　奥社／天手力雄命　火之御子社／天鈿女命　宝光社／天表春命　九頭龍社／九頭龍大神
◉参拝時間　午前9時〜午後5時
◉参拝料　無料（宝物館の青龍殿は一般300円）
◉アクセス　**鉄道・バス**／JR「長野駅」よりバス約1時間、戸隠中社前下車。**車**／上信越自動車道「長野IC」より約1時間。
◉駐車場　中社100台、奥社参道入口200台

〒381-4101　長野県長野市戸隠3506（中社）
TEL.026-254-2001　https://www.togakushi-jinja.jp/

代には、戸隠山は霊験あらたかな土地として、都人の間で、かなり有名だったようだ。

伝説の豊富な戸隠の開山

戸隠の開山の歴史は、豊かな伝説や神話で彩られている。明治の神仏分離まで戸隠は神仏習合の霊山である。

仏教の縁起では、戸隠山を霊場として開いたのは、飯縄山《いいづなやま》で修行していた行者だったという。西にそびえる戸隠山に向かって金剛杵《こんごうしょ》を投げ、その飛んだ地を訪ねてみると岩窟がある。行者が法華経を誦《ず》すと、九頭一尾の龍が現れ、「あなたの読経で成仏できる」と言って岩窟に身を隠したので、行者は岩の戸で塞いだ。そのため、この地を戸隠と呼ぶという。九頭一尾の龍は、戸隠の地主神であり、奥社境内の九頭龍社にまつられている。

神道では天の岩戸開きの神話につながりがある。天照大神《あまてらすおおみかみ》が天の岩屋に隠れて高天原が暗くなったとき、天八意思兼命が鶏を集めて鳴かせ、天鈿女命が岩屋の前で踊った。不審に思った天照大神が岩屋の

❶戸隠山の山ふところにある奥社　❷巨樹古木に囲まれた中社　❸戸隠山の地主神をまつる九頭龍社　❹式年大祭、中社のにぎわい　❺林間に建つ火之御子社　❻荘厳な社殿の宝光社

戸を少し開けたとき、天手力雄命が戸を大きく引き開け、天照大神を引き出した。その岩戸が飛んできた地が、戸隠山だという。

戸隠神社には古式ゆかしい太々《だいたい》神楽《かぐら》が伝わっており、例祭や奉納などで年間数十回も行われる。夜の境内で「岩戸開きの舞」を見物していると、天の岩戸が飛んできた話が、伝説ではないような不思議な気持ちになる。

ワンポイント

奥社の杉並木の参道は観光名所としても人気だが、時間がゆるせば、五社を徒歩で参拝すると良い。五社は「神道《かんみち》」と呼ぶ戸隠山詣での古道で結ばれている。

第2章
2

諏《す》訪《わ》大《たい》社《しゃ》

信州の国づくりの神から全国の神に

下社秋宮にそびえる一之御柱

諏訪大社四社のうち諏訪市にある上社本宮の御朱印。中央に「諏訪大社」の墨書に社印。右上に「信濃國一之宮」の墨書と「信州一宮」の印。左に「上社本宮」の墨書。

自然崇拝の古い信仰を伝える

諏訪大社は、長野県のほぼ中央部に位置する諏訪湖の周囲に二社四宮が鎮座する。湖の南に上社の前宮と本宮、湖の北に下社の春宮と秋宮がある。

祭神は、建御名方神《たけみなかたのかみ》と八坂刀売神《やさかとめのかみ》だが、諏訪大社は自然の山や樹木を拝する古い信仰の形を保っている神社で、拝殿はあるが、その奥に本殿はない。上社は南にそびえる守屋山《もりやさん》を神体山とし、下社は神木を御神体とする。下社春宮のご神体は杉の古木、秋宮はイチイの木だという。

諏訪大社は信濃一の宮で、信濃の国づくりの神だが、全国に御分社が五千社以上あるとも一万社以上あるともいうほど、広く崇敬されてきた。特に関東甲信越には、諏訪神社が

◉祭神　建御名方神、八坂刀売神
◉参拝時間　参拝は24時間自由　祈祷受付は午前9時～午後4時
◉参拝料　無料
◉アクセス　**◆上社本宮、前宮　鉄道・バス**／JR中央本線「茅野駅」よりタクシー約10分。**車**／中央自動車道「諏訪IC」より約5分。
◆下社春宮、秋宮　鉄道・バス／JR中央本線「下諏訪駅」より徒歩約15分。**車**／中央自動車道「岡谷IC」より約15分。
◉駐車場　上社本宮300台、前宮60台、下社春宮50台、秋宮80台

上社本宮　〒392-0015　長野県諏訪市中洲宮山1
上社前宮　〒391-0013　長野県茅野市宮川2030
TEL.0266-52-1919（本宮）

下社春宮　〒393-0092　長野県諏訪郡下諏訪町193
下社秋宮　〒393-0052　長野県諏訪郡下諏訪町5828
TEL.0266-27-8035（秋宮）　http://suwataisha.or.jp/

❶神体山を拝する上社本宮の社殿　❷上社本宮の境内、苔むした水盤　❸伊勢神宮の古材で建てた上社前宮

多い。軍神であるとともに、開拓、農業の神であったことが、信仰の広まった理由であろう。

神代に出雲からきた祭神

建御名方神は、大国主神《おおくにぬしのかみ》の御子である。『古事記』では、天照大神《あまてらすおおみかみ》が建御雷神《たけみかづちのかみ》を出雲の大国主神のもとに使わして、国譲りを迫った際、兄の事代主神《ことしろぬしのかみ》は、すぐに承知したが、弟の建御名方神は、建御雷神に力比べを挑んで投げ飛ばされ、「科野国《しなののくに》の州羽海《すはのうみ》」まで逃れた。

建御雷神に、諏訪のこの地で追いつかれると「我を殺すこと莫《なか》れ。此地《ここ》を除《お》きては、他《あた》し処《ところ》に行かじ。(略)此の葦原中国《あしはらなかつくに》は、天《あま》つ神御子《かみみこ》の命《みこと》の随《まにま》に献《たてまつ》らむ」と言ったという。もう一柱の祭神、八坂刀売神の方は、建御名方神の后《きさき》とされているが、記紀神話には登場しない。

信州には、異なる縁起も伝わっている。南北朝時代の説話集『神道集』には、甲賀三郎諏方《よりかた》が、天狗にさらわれた妻の春日姫を探して蓼科山の洞窟に入り、地底の国々を遍歴して、浅間山の火口から大蛇

❹上宮本宮の入口御門　❺下社秋宮の楼門造りの拝殿　❻下社春宮のそばにある万治の石仏

になって地上に戻ってきた話が載っている。三郎は白山権現、富士浅間大菩薩、熊野権現などが化身した僧たちのおかげで人の姿に戻る。春日姫と再会した三郎は、諏訪明神として上社に、春日姫は下社に、それぞれまつられたという。諏訪信仰の人気を反映して作られた物語であろう。

ワンポイント

諏訪大社では「四社まいり」といって、前宮、本宮、春宮、秋宮で御朱印を受けると、最後の宮で参拝の記念品をいただける。4社を巡拝するには車が便利。

第2章 3

春日山神社

名将、上杉謙信《けんしん》の城跡に鎮座

春日山の中腹に鎮座

向き合って羽を広げる二羽の雀と笹の葉の「上杉笹」の紋を押印し、「春日山神社」と墨書。右側に「御祭神上杉謙信公」と「毘」の印、左下「参拝」と書き「宮司之印」。

戦国の山城の神社で歴史探訪

新潟県上越市の春日山には、戦国武将、上杉謙信の難攻不落の居城があった。高田平野を眼下に見下ろす山全体に曲輪《くるわ》や屋敷を配した難攻不落の山城だった。

春日山の山腹にある春日山神社は、明治の中頃、旧高田藩士の小川澄晴《すみはる》が、謙信公をまつる神社創建の運動を起こし、創建した。古社ではないが、千木《ちぎ》や堅魚木《かつおぎ》を載せた社殿の屋根が木漏れ日を浴びて雰囲気が良い。拝殿の幕や賽銭箱には竹に二羽の雀の「上杉笹」の紋が付き、殿内には謙信の座右の銘「第一義」の言葉が掲げられている。

参拝後は、謙信公銅像のたもとから、三の丸跡、

◉主祭神　上杉謙信公
◉参拝時間　午前9時30分～午後4時30分
◉参拝料　無料
◉アクセス　**鉄道・バス**／えちごトキめき鉄道妙高はねうまライン「春日山駅」よりバス「中屋敷」下車、徒歩約20分。 **車**／北陸自動車道「上越IC」より車で15分。
◉駐車場　30台

〒943-0802　新潟県上越市大豆1743
TEL.025-525-4614

❶社号碑は東郷平八郎の書
❷神社入口に立つ謙信公の銅像　❸謙信の城跡を見るため、春日山に登る

二の丸跡とたどって、山頂の本丸まで登ろう。天守台からの景色もさることながら、山頂直下に満々と水をたたえた大井戸があることに驚かされる。下山は、毘沙門《びしゃもん》堂や直江《なおえ》家の屋敷跡を見て、春日山神社に戻る。

謙信の三十年を物語る城跡

春日山城の築城者は未詳だが、越後国守護代、長尾為景《ためかげ》と子の長尾景虎《かげとら》（上杉謙信）が本格的な城として整えた。春日山の名称は、奈良の春日大社を勧請した神社があったことに由来するという。為景は長男晴景《はるかげ》に家督を譲ったが、晴景には治める力量がなく、越後守護上杉家の斡旋により弟の景虎が十九歳で家督を相続した。

天文十八（一五四九）年、景虎は春日山城に入った。以来、景虎は、死去するまで約三十年間、この城を根城に信濃や関東に出陣して、甲斐の武田信玄や相模国小田原城の北条氏康《うじやす》と合戦を繰り広げる。

景虎は、永禄四（一五六一）年、鎌倉の鶴岡八幡宮で上杉家の家督と関東管領職を継ぎ、名を上杉政《まさ》

❹高田平野と越後の山々を一望　❺謙信公を描いた絵馬　❻謙信ゆかりの毘沙門堂

虎《とら》と改名した。

信玄の没後、政虎は上洛を目指し、織田信長と敵対。天正二（一五七四）年、謙信と称す。天正五（一五七七）年、加賀に侵攻した信長軍を撃破するが、次の出陣前の翌年春、春日山城内で急死。脳溢血らしい。享年四十九歳。

謙信は生前、春日山城の壁に「死なんと戦えば生き、生きんと戦えば必ず死するものなり」と書いたという。

ワンポイント

春日山は麓にも史跡広場、ものがたり館、林泉寺などがあり、散策を楽しめる。上杉謙信が学び、菩提所でもある林泉寺では、御朱印をいただくこともできる。

第2章
4

大洗磯前《いそさき》神社

水平線から昇る朝日を迎える鳥居

海の彼方から帰ってきた神

太平洋の荒波が洗う神磯に立つ鳥居の風景で知られる神社。朝、鳥居の沖の水平線から太陽が昇る光景は、ひときわ神々しい。

平安時代前期の事跡を記した史書『文徳《もんとく》実録』に「常陸国の言上により」として、この地に神が降臨したことが記載されている。

その内容は「鹿島郡荒磯前に神が新たに降《くだ》った。海水を煮て塩を作る民が、夜半、海を望むと、天が光り輝いた。翌日、水際に高さ一尺ばかりの不思議な石が二つあった。翌日には、この石の左右に二十個の小石が侍坐《じざ》しているように並んでいた。色は普通ではなく、僧侶の形をしている。神が人に憑いて言った。我、大奈母知少比古奈命（大己貴少彦名《おおなむちすくなひこなの》

海岸に立つ神磯の鳥居

命《みこと》）なり。昔、この国を造り終えて東海に去ったが、今また民のために帰ってきた」とある。一柱の神が語っているようだが、二つの石は、それぞれ大己貴《おおなむちの》命《みこと》と少彦名命《すくなひこなのみこと》なのであろう。

神は高い山に降臨することが多いが、海から来ることもある。『常陸国風土記』には「常陸国は広く、土地も肥沃で、山海の幸に恵まれ、人々は暮らしに満足している。昔の人が常世《とこよ》の国と呼んだのは、この国のことではないだろうか」というくだりがある。神に守られた常陸は昔から豊かな地だったようだ。

中央に「大洗磯前神社」の社印を押し、「大洗磯前神社」と大きく墨書。右に「奉拝」、左に年月日。神社の御朱印を代表するような簡素で、清々しい御朱印。

江戸時代に建立された社殿

ワンポイント

大洗磯前神社から太平洋岸を車で北上すると、ひたちなか市磯崎町に酒列《さかつら》磯前神社がある。少彦名命をまつり、タブノキやツバキがトンネル状に茂った参道が見所。

◉祭神　大己貴命、少彦名命
◉参拝時間　午前6時30分〜午後5時　祈願受付は午前9時〜午後4時
◉参拝料　無料
◉アクセス　**鉄道・バス**／JR常磐線「水戸駅」からバス約35分。または鹿島臨海鉄道大洗鹿島線「大洗駅」よりバス約10分。
車／北関東自動車道「水戸大洗IC」より約15分。
◉駐車場　約50台

〒311-1301　茨城県東茨城郡大洗町磯浜町6890
TEL.029-267-2637　http://oarai-isosakijinja.or.jp/

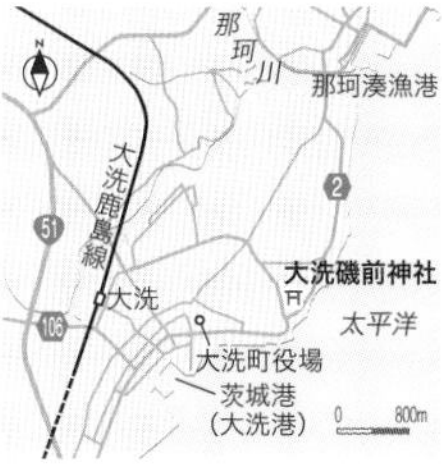

第2章
5

明々《めいめい》巍々《ぎぎ》たる岩山を仰ぐ
妙義神社

黒漆に彫刻を施した豪華な社殿

上州の数ある山の中でも奇峰を鋸歯《きょし》状に連ねた稜線を持つ妙義山は、際立って怪異な山容をしている。妙義山という頂はなく、白雲山《はくうんざん》、金鶏山《きんけいざん》、金洞山《こんどうざん》のそれぞれ周辺の峰を含め、総称して妙義山と呼ぶ。標高は最高峰で千メートルほどしかないが、奇岩怪石が林立する山塊は、古くから信仰の対象だった。

妙義神社は、白雲山の山腹に鎮座する。平安時代の『三代実録』には「波己曾《はこそ》神」として記載され、今も境内に波己曾社がある。中世の公卿、権大納言《ごんだいなごん》藤原長親《ながちか》（花山院《かざんいん》長親のことか）が、この地に住んだという言い伝えがあり、「妙義」の名は長親が岩山を眺め、その明々巍々たる山容から「明巍」と付けたものを後世、「妙義」に改めたと伝えられる。

白雲山を背景に建つ妙義神社の御殿

総門を入って随神門まで石段を上る。老杉の並木を切ってしまったのは惜しいが、眺望は良くなった。唐門《からもん》を入ると黒漆を塗り龍や鶴の彫刻で飾った華麗な社殿がある。

祭神は、日本武尊《やまとたけるのみこと》や権大納言長親だが、当初は白雲山の頂から本殿そばの磐座《いわくら》に降り立った神をまつったのだろう。江戸時代、寺院は白雲山高顕院石塔寺と称し、江戸上野寛永寺輪王寺宮の隠居所だった。立派な石垣の上に建つ御殿からは、関東平野を見渡すことができる。

「妙義神社」の雄渾な墨書と印。下に社務所の印。右上「上野國妙義山」の印。上野（こうずけ）は群馬県の旧国名、上毛野（かみつけの）の略、上州、上毛ともいう。

拝殿を飾る豪華絢爛な彫刻

ワンポイント

参道の銅鳥居の脇にある注連《しめ》縄《なわ》を張った大杉三本の中心は、パワースポットとされている。拝殿に参拝後、本殿の裏に回ると、妙義山の天狗がまつられている。

◉祭神　日本武尊、豊受大神（とようけのおおかみ）、菅原道真公、権大納言長親卿
◉参拝時間　午前9時～午後5時
◉参拝料　無料　宝物殿は大人200円
◉アクセス　**鉄道・バス**／JR信越本線「松井田駅」からタクシー約10分。**車**／上信越自動車道「松井田妙義IC」より約5分。
◉駐車場　道の駅みょうぎの駐車場（約90台）を利用。

〒379-0201　群馬県富岡市妙義町妙義6
TEL.0274-73-2119　http://www.myougi.jp/

第2章
6

日本アルプスの総鎮守
穂高神社奥宮《おくみや》

神が降りた上高地の神社

上高地を昔は「神降地」や「神合地」「神垣内」とも書いた。本来は「上河内」なのだろうが、神を冠したものが多い。訪れてみると、穂高連峰の裾を梓川が流れる山紫水明の地で、神がすむのにふさわしいと感じる。

河童橋から小梨平《こなしだいら》のキャンプ場を抜け、梓川をさかのぼり、山小屋の明神館まで一時間ほど歩く。上高地にバスが通じる以前、明神は徳本峠《とくごう》越えの山道の上高地側の出入口だった。梓川を渡り、鳥居をくぐると穂高神社奥宮がある。祠《ほこら》のような社殿だが、日本アルプスの総鎮守だ。槍穂高の登山ルート沿いということもあって、登山者の参拝が絶えない。

本殿は小さいが、奥に広がる明神池も境内であり、

境内にある明神一之池

岸から穂高連峰の明神岳を仰ぐ景色は雄大だ。絶景の地に鎮座する神社である。

穂高神社は北アルプスの麓の安曇野《あずみの》に本宮があり、奥宮が上高地の明神池、嶺宮《みねみや》が奥穂高岳の頂にある。神代の昔、穂高見命《ほたかのみこと》が穂高岳に天降り、梓川を下るように流域を開拓していき、古代豪族の安曇氏の祖となって安曇野を繁栄に導いたという。穂高見命は海を司る綿津見命《わたつみのみこと》の子であり、安曇氏も元は海人族《あまぞく》だったらしい。北アルプスの山中、上高地の神が、海の民の神だったというのは興味深い。

中央に「奥宮」の墨書と「穂高奥宮」の印。右に「上高地明神池穂高神社」と書く。「日本アルプス総鎮守」の押印により、中部山岳の登山者の守護を表明している。

槍穂高に向かう登山者の参拝が絶えない

ワンポイント

上高地から明神池の奥宮までは特別な登山装備は不要だが、歩きやすい靴で、雨具は必携。明神に明神館、奥宮の隣に嘉門次《かもんじ》小屋、向いに山のひだやがあり、休憩に便利。

◉主祭神　穂高見命　◉参拝時間　4月下旬～11月中旬　午前6時～午後5時
※上高地は例年11月中旬～4月下旬は雪のため閉山
◉参拝料　無料　明神池は300円
◉アクセス　鉄道・バス／松本電鉄「新島々駅」よりバス約35分。上高地バスターミナルより徒歩約1時間。 車／中央自動車道「松本IC」より約1時間の「沢渡駐車場」でシャトルバスに乗り換え約30分。上高地バスターミナルより徒歩約1時間。
◉駐車場　無。沢渡駐車場（約2000台）でシャトルバスに乗り換え。

〒390-1516　長野県松本市安曇上高地明神池畔
TEL.0263-95-2430　http://www.hotakajinja.com/okumiya.html

第2章
7

雲洞庵《うんとうあん》

上杉景勝《かげかつ》、直江兼続《なおえかねつぐ》が学んだ禅寺

「雲洞庵の土踏んだか」

この寺の赤門から本堂に至る石畳の参道の下には法華経を一字ずつ刻んだ石が埋められており、その上を歩けば、仏法が身に付き、罪業消滅、万福多幸の功徳があるとされ、「雲洞庵の土踏んだか」と言い慣わされてきた。

寺伝によると、奈良時代の貴族、藤原房前《ふささき》が、母の菩提を弔うために律宗の寺を建立。藤原家の尼僧院として栄えたが、やがて衰微。下って室町時代、関東管領の上杉憲実《のりざね》が、曹洞宗の寺として雲洞庵を再興。上杉家の庇護を受けて、寺は隆盛した。

戦国の名将、上杉謙信の甥で、謙信の跡を継いだ景勝は、少年時代、小姓の直江兼続とともに、この寺で教育を受けたと伝えられている。新しいものだ

簡素で美しい本堂は近世の寺院建築の傑作

が、方丈の間に『景勝・兼続勉学の図』があり、論語を学ぶ十歳の景勝、五歳の兼続の表情が凛々しくて良い。江戸時代、景勝が初代藩主として出羽国米沢に移ると、寺は一時、衰えたが、長岡藩主や高田藩主の援助を受けて盛り返し、曹洞禅の修行道場として栄えた。

火灯窓《かとうまど》の並ぶ本堂は、江戸時代中期、出雲崎の大工が建てたという。本堂も庭も簡素だが、上辺だけを飾ったものにはない本質的な美しさが感じられ、心が洗われる寺だ。

本尊「南無釈迦牟尼佛」の墨書と三宝印。右上に「日本一の庵寺　越後一の寺」の印。左に「雲洞庵の土踏んだか」を墨書し、山号を記した「金城山雲洞庵」の寺印。

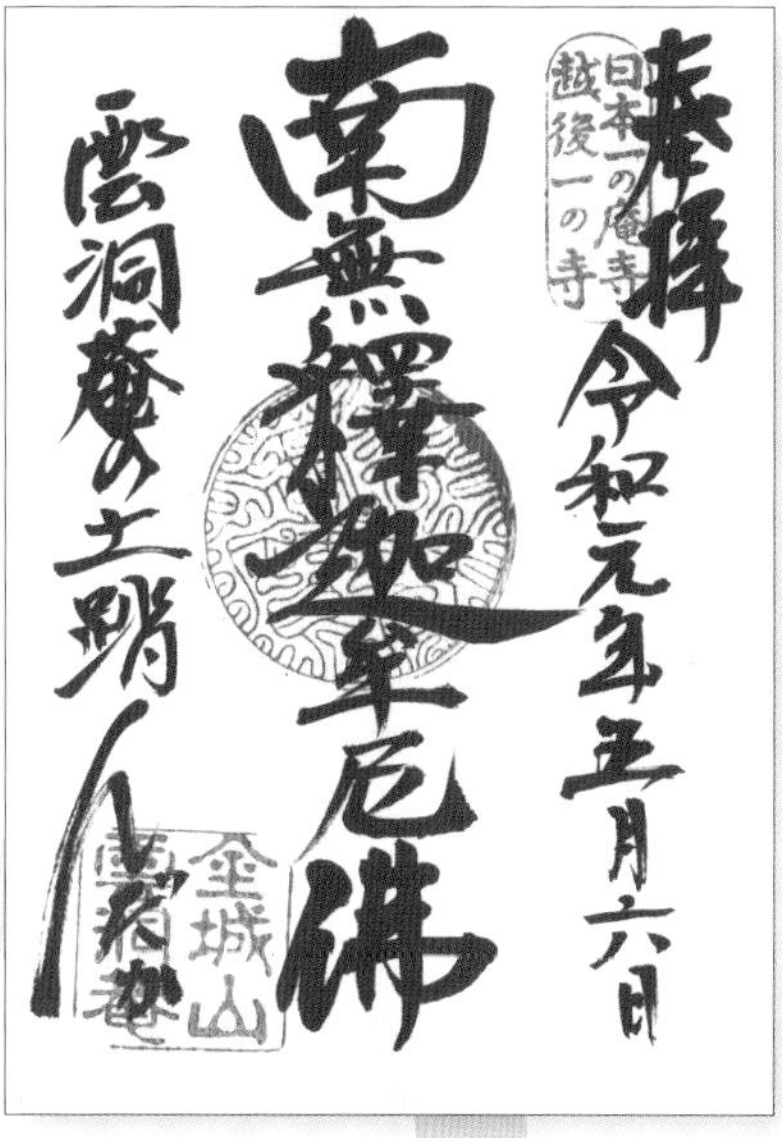

本堂から緑鮮やかな境内を眺める

ワンポイント

堂内の襖絵、仏像、禅語などの一つ一つに逸話などを交えつつ丁寧に解説が添えられている。すべて読むと時間はかかるが、仏の教えや禅宗を知ることができる。

◉本尊　釈迦牟尼仏（しゃかむにぶつ）
◉参拝時間　午前9時～午後5時、定休日水曜（祝日・盆・正月等除く）
朱印受付　午前9時～午後4時20分
12月～4月中旬は午前10時～午後3時30分
◉参拝料　300円
◉アクセス　**鉄道・バス**／JR上越線「塩沢駅」よりタクシー約10分。
車／関越自動車道「塩沢石打IC」より約15分。◉駐車場　約40台

〒949-6542　新潟県南魚沼市雲洞660
TEL.025-782-0520　http://www.untouan.com/

神への信仰の古い形を伝える

金鑚《かなさな》神社

日本武尊《やまとたけるのみこと》が火打金《ひうちかね》を納めた山

埼玉県と群馬県の境を流れる神流《かんな》川近くの山裾に鎮座する金鑚神社は、平安時代の『延喜《えんぎ》式《しき》神名帳《じんみょうちょう》』の武蔵国児玉郡に「金佐奈神社　名神《みょうじん》大」として載る古社である。「名神大」は名神大社の略で、式内《しきない》社《しゃ》のなかでも由緒正しく、霊験と崇敬の顕著な神社をいう。金鑚神社の特徴は、それだけではない。拝殿の奥に本殿がなく、中門祝詞《のりと》舎だけを設けて、神体山の御室《みむろ》ケ《が》嶽《たけ》を拝むという古い日本の信仰の形態をとどめている珍しい神社だ。

古代の英雄、日本武尊は景行《けいこう》天皇の皇子だが、天皇に命じられ、九州南部の熊襲《くまそ》征討から戻ると、今度は東征に出発する。そして、『日本書紀』では駿河国で賊に、『古事記』では相模国の国造《くにのみやつこ》にあざむ

神体山の前にある中門祝詞舎

かれ、野火《のび》で囲まれて殺されそうになる。日本武尊は剣で草を刈りはらい、火打で向い火を着け、難を免れた。金鑽神社の言い伝えによると、日本武尊は、そのとき使った火打金を御室ケ嶽に納め、天照大神《あまてらすおおみかみ》と素盞鳴尊《すさのおのみこと》をまつったという。

神体山の御室ケ嶽には登れないが、御嶽山《みたけさん》にある奥宮には山道があり、拝殿から三十分ほどで登ることができる。奥宮は岩峰の祠《ほこら》で、神流川と利根川流域の平野を眼下に見下ろす。山道の途中には、天然記念物の鏡岩もある。

「金鑽神社」の墨書に「武蔵二宮金鑽神社」の印。右にも「武蔵二宮」と墨書し、武蔵国一の宮の氷川神社に次ぐ社格を誇っている。社名の鑽の字は「鑚」とも書く。

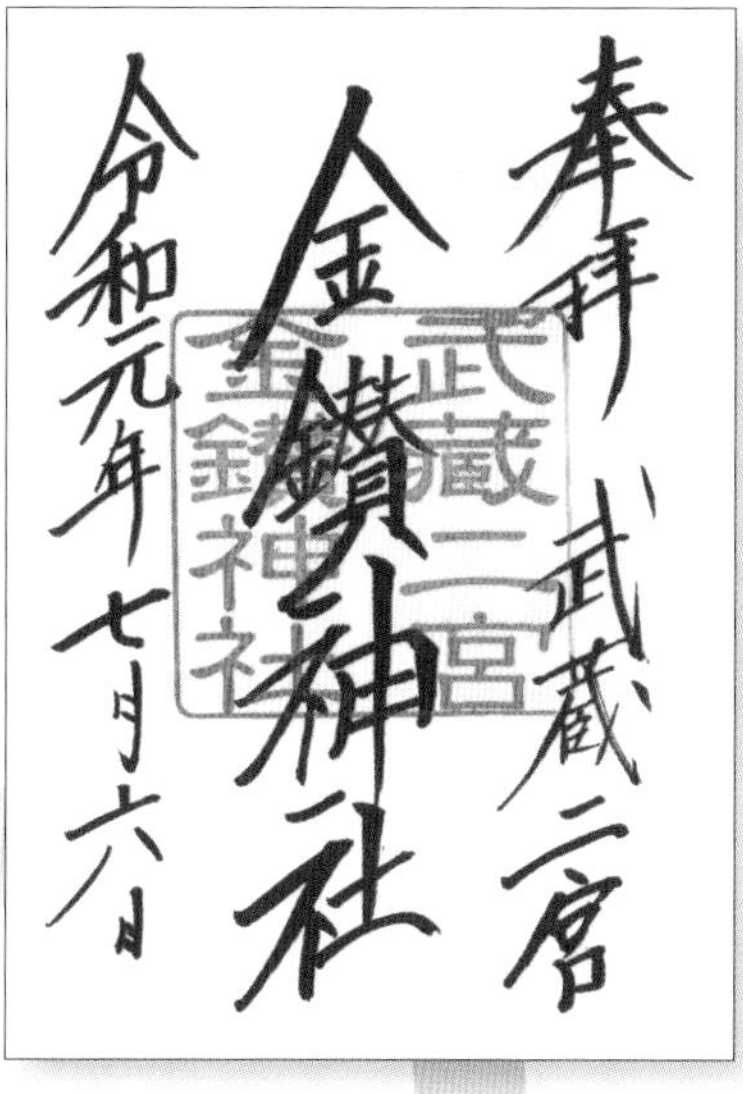

眺望に優れた御嶽山の山頂

ワンポイント

昔は神仏習合だったため、参道の山の斜面に戦国時代に建立された多宝塔がある。明治初めの神仏分離、廃仏毀釈の際にも地元の人々が守った貴重な文化財だ。

◉主祭神　天照大神　素盞鳴尊
◉参拝時間　午前9時～午後4時
◉参拝料　無料
◉アクセス　**鉄道・バス**／JR高崎線「本庄駅」よりバス「新宿」下車、徒歩約20分。**車**／関越自動車道「本庄児玉IC」より約20分。
◉駐車場　約30台

〒367-0233　埼玉県児玉郡神川町字二ノ宮751
TEL.0495-77-4537　http://www.kanasana.jp/

第2章
9

七面山《しちめんざん》敬慎院

霊山の山上に龍神の棲む池

七難を払い、七福を与えてくれる

身延山久遠寺《くおんじ》の西方にそびえる七面山は、日蓮宗の聖地だ。標高一九八九メートルの山頂近くの山上に池があり、ほとりに巨大な堂宇の敬慎院がある。麓の羽衣の集落からは、よく手入れをされた表参道が山上まで通じており、参詣者の唱える御題目が山中に響く。敬慎院までは、急斜面の山道を四、五時間の登山が必要だが、苦しい道のりを行くことが修行であり、祈りなのだという。

敬慎院の裏にある一の池には、昔から龍神伝説がある。江戸時代の『身延鑑《みのぶかがみ》』によれば、鎌倉時代、日蓮聖人が身延山で説法をしていると、見慣れない美しい女が聴聞者に交じっている。聖人が花瓶の水を女に与えると、女は龍に変身し、「私は七面山の

山上に建つ敬慎院の大伽藍

池にすむ者。法華経を信じる者には七難を払い、七福を与えよう」と言って飛び去ったという。女は「七面天女」や「七面大菩薩」とも呼ばれる「七面大明神」だったのだ。

日蓮聖人は、七面山に登ろうとして果たせなかったが、師の遺志を継いだ弟子の日朗《にちろう》上人が登り、一の池のほとりに七面大明神をまつり、敬慎院の開祖になった。

現代でも稀に、一の池の水面には、風もないのに不思議な波が立つことがあるという。

「七面大明神」の墨書に「七曜紋」の大きな宝印、その下に「身延七面山」と記した印。「摩尼珠（まにしゅ）峰」は、神秘な力を持つ宝玉で飾られた山を意味する。

随身門から富士山を望む

ワンポイント

七面山は高山のため、トレッキングシューズ、防寒具、雨具などの登山装備が必要。参道の途中の坊は休憩所になっている所もあるので、利用しながら焦らず登ろう。

◉主祭神　七面大明神　◉参拝時間　変動。要問い合わせ　参籠（宿泊参拝）も可能
◉参拝料　無料　御開帳は2,000円　参籠は6,500円
◉アクセス　**鉄道・バス**／JR身延線「下部温泉駅」よりバス約25分「角瀬」で下車、タクシー約10分「羽衣」、表参道入口から徒歩4～5時間。
車／中央自動車道「甲府南IC」より約1時間。または新東名高速道路「新清水IC」より約1時間。
◉駐車場　約50台（羽衣）

〒409-2524　山梨県巨摩郡身延町身延4217-1
TEL.0556-45-2551　https://www.kuonji.jp/shichimenzan/index.htm

髙尾山薬《やく》王《おう》院《いん》

東京近郊にある天狗が棲む霊山

天狗が守護する飯縄権現堂

◉本尊　飯縄大権現
◉参拝時間　午前9時～午後4時
◉参拝料　無料
◉アクセス　**鉄道・バス**／京王電鉄高尾線「高尾山口駅」より1号路を徒歩約1時間20分。または高尾登山鉄道ケーブルカー「高尾山駅」より徒歩約20分。**車**／圏央道「高尾山IC」より約5分。山麓駐車場から徒歩またはケーブルカー。
◉駐車場　約250台（山麓）

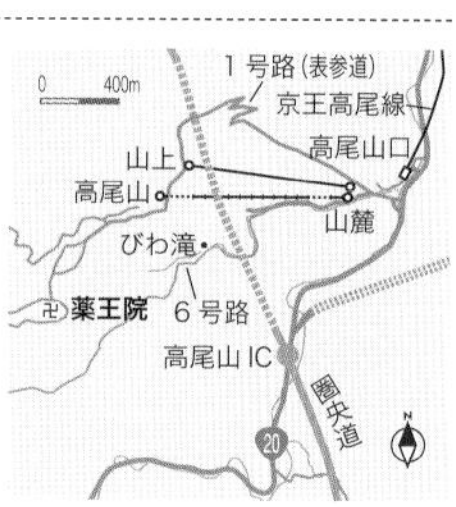

〒193-8686　東京都八王子市高尾町2177
TEL.042-661-1115　https://www.takaosan.or.jp/

境内のあちこちに天狗の像や面がある

中央に本尊「飯縄大権現」の墨書と法印。「南無」を付けることで飯縄権現への帰依を表している。「聖武天皇勅願所」は、同帝の命により開山されたことを示す。

飯縄《いづな》大権現と天狗をまつる

東京の西の郊外、高尾山の中腹にある寺。ケーブルカーの駅から杉の巨木の並ぶ参道をたどり、山門を入ると、天狗の像が迎えてくれる。高尾山は標高六〇〇メートルほどの低山だ。麓から歩いて登るのも楽しい。

寺名は有喜寺《ゆうきじ》だが、院号の薬王院で通っている。寺伝では、奈良時代、聖武天皇の命で行基が開創。本尊が薬師如来のため、薬王院と称す。その後、興廃があり、南北朝時代に京の醍醐寺から俊源《しゅんげん》が来山して中興。俊源は山中で難行に挑み、「飯縄大権現」を感得。以来、薬王院は飯縄大権現をまつり、山岳信仰や修験道が盛んになる。武蔵、相模、甲州を結ぶ地点にあるため、戦国時代は小田原の北条氏康《うじやす》の寄進を受けた。江戸時代は庶民の飯縄権現への信仰や富士講との結びつきで栄えた。

❶仁王門を入ると本尊をまつる本堂
❷石段を上り、鳥居をくぐると飯縄大権現堂　❸高尾山の山頂広場から富士山を遠望

飯縄権現の信仰は、信州の飯縄山《いいづなやま》に源があり、その姿は白狐に乗った烏天狗として描かれる。飯縄修験者は神通力を持ち、出没自在の管狐《くだぎつね》を使って術を行うと信じられた。飯縄法は邪法や妖術ともされたが、戦国時代には武田信玄、上杉謙信などの武将も信仰。江戸時代には現世利益の神として庶民の間で流行した。天狗は飯縄権現につき従う眷属《けんぞく》のため、高尾山には天狗の像や面が奉納されている。

ワンポイント

薬王院に参詣した後は山頂まで足を延ばそう。晴れて空気の澄んだ日は富士山が見える。麓から登山ルートがいくつもあるので、道を変えて繰り返し登ると良い。

第3章

「運気を開く」御朱印めぐり10社寺

第3章 1

三峯《みつみね》神社

秩父の深山に満ちる気をいただく

随身門の前に阿吽の狼の像

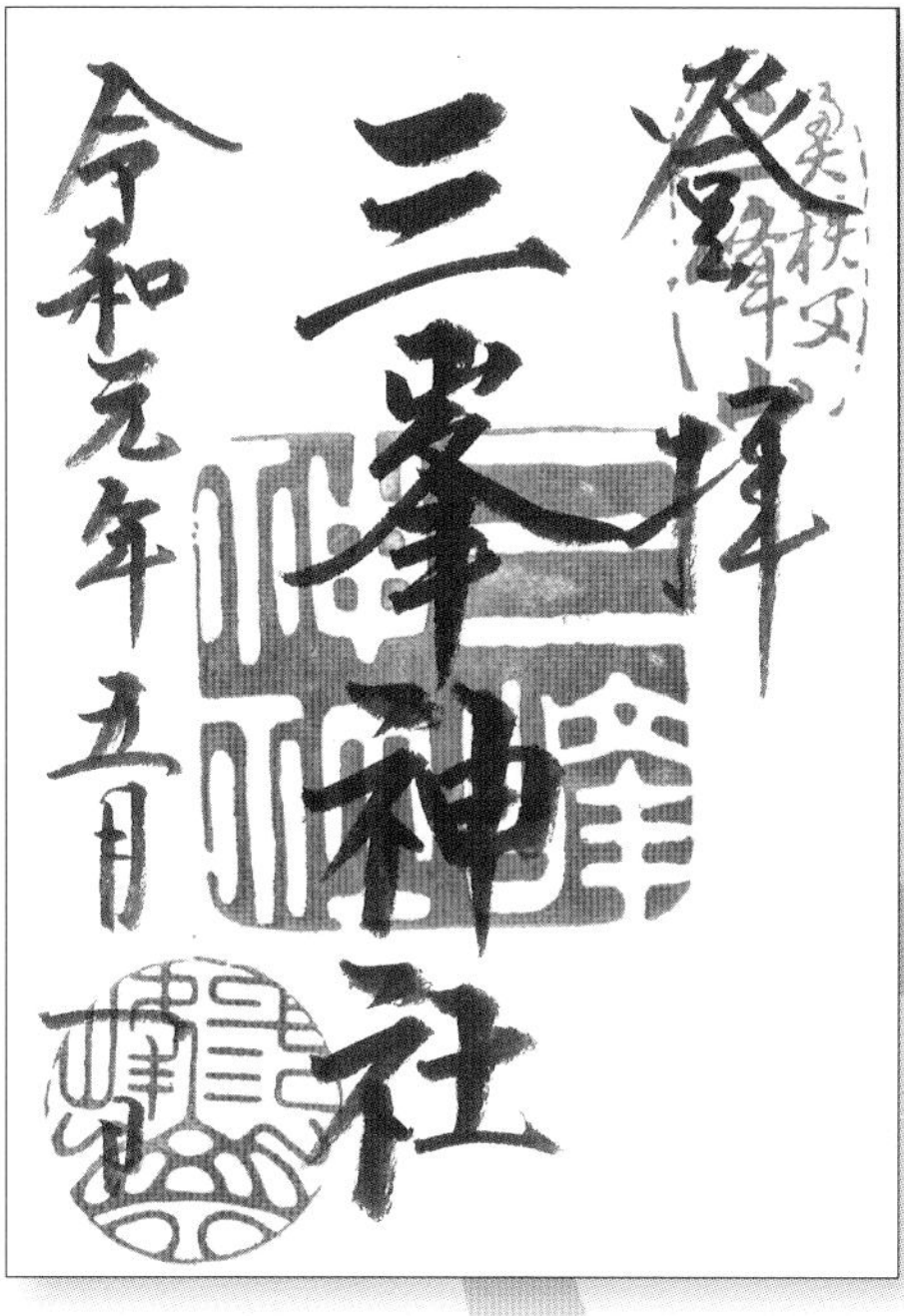

「三峯神社」の墨書。社印は文字を凹型に彫った陰刻で「三峰神社」とあるが、峯と峰は同じ字。右上の「登拝」の書入れは、山の神社のため。

関東屈指の開運、厄除けの御利益

三峯神社は荒川の上流、秩父盆地の山奥にある。社名の「三峯」は、雲取山、白岩山、妙法ヶ岳の三山を指すという。雲取山の標高は二千メートルを超える。三峯神社が建っているのは中腹の標高千メートルほどの場所だが、山深いことに変わりはない。周辺に大きな集落はなく、昔は杣人《そまびと》しか住んでいなかったような山中に鎮座しているのだが、三峯神社の社殿は壮大、豪華だ。霊験あらたかな神社としての評判が伝わり、遠方から多くの参拝者を集めていたことがしのばれる。現在も厄を抜い、運気を上げる神社として知られ、祈祷やお守りを求める参拝者の車で、神社に至る山中の道路が渋滞するほどである。

◉主祭神　伊弉諾尊、伊弉册尊
◉参拝時間　午前9時〜午後5時　◉参拝料　無料
◉アクセス　**鉄道・バス**／西武鉄道西武秩父線「西武秩父駅」よりバス約1時間30分。または秩父鉄道「三峰口駅」よりバス約50分。
車／関越自動車道「花園IC」より約2時間30分。または中央自動車道「甲府昭和IC」より約2時間30分。
◉駐車場　約250台

〒369-1902　埼玉県秩父市三峰298-1
TEL.0494-55-0241　http://www.mitsuminejinja.or.jp/

①

②

③

日本武尊《やまとたけるのみこと》の道案内をした大口真神《おおくちのまかみ》

三峯神社の歴史は古く、古代の伝説的英雄、日本武尊にさかのぼる。尊は東征の折、甲斐国から信濃国に向かい、秩父の山中で道に迷う。すると狼が現れて尊の一行を案内してくれた。尊はこの地に伊弉《いざな》諾尊《ぎのみこと》、伊弉冊尊《いざなみのみこと》をまつった。尊の没後、父の景行《けいこう》天皇が東国を巡幸した際、ここを「三峯山」「三峯宮」と名付けたという。

山中で困っている日本武尊の前に狼が現れて助けたと伝える神社は、奥多摩や秩父の周辺にいくつもあり、祭神の使いの眷属《けんぞく》を「お犬さま」や「大口真神」としてまつっている。

お犬さまや大口真神は、「山犬」とも呼ばれるニホンオオカミのことではないかという。狼に対する信仰がある神社は、狛犬ではなく狼の像が配されていることが多い。三峯神社では随身門の前や「御仮《おかり》屋《や》」で、狼の像を見ることができる。

山里の民にとって狼は、鹿や猪の害から農作物を守ってくれる存在として崇められていた。神社でい

❶三ツ鳥居をくぐって参道を進む　❷「三峯山」の扁額を掲げる随身門　❸秩父の山中深くに建つ社殿　❹精緻な彫刻が施された拝殿　❺拝殿の奥にある本殿　❻拝殿前の左右にそびえる御神木の杉

ただいた大口真神の札は、家の門口に貼れば、盗難や火難を避けることができるとも信じられていた。江戸時代、三峯神社は、その札の頒布で隆盛したという。

小雨や霧の日に参拝すると、深山幽谷の「気」がひと際強く、確かに木陰からオオカミが現れそうな雰囲気がある。

ワンポイント

三峯神社の境内は巨木が多く、その場にいるだけで「神気」を授かるという。拝殿前の御神木の杉は「気」をいただこうと幹に手をあてて祈る人々で行列ができる。

第3章
2

関東武士が勝利を祈願した霊山

武蔵《むさし》御嶽《みたけ》神社

江戸東京を山の上から守り鎮める

関東平野を一望する御岳山の山頂に鎮座する武蔵御嶽神社。晴れた日は、小高い場所に上れば、武蔵野や多摩丘陵から御岳山の山上にある御師《おし》集落がよく見える。関東を鎮護する神社として極めて優れた立地である。幕府を開いた徳川家康は、江戸の西の守りとするため、南を向いていた社殿を江戸がある方角の東向きに建て替えさせたという。

江戸時代までは「金峯山御嶽蔵《ざ》王権現《おうごんげん》」や「武州御嶽」と呼ばれ、町人や農民の間で御岳講が組織され、御師の案内で登られた。秩父の三峯神社と同じく眷属《けんぞく》のお犬さまへの信仰があり、「武蔵国御嶽山大口《おおぐち》真神《まがみ》の札」は効験あらたかと評判が高かった。

お犬さまの信仰は、山中で迷った日本武尊を狼が

銅鳥居をくぐり、講碑の立ち並ぶ参道を登る

助けた伝説が、この山にもあるためだ。創建は、尊の東征よりも古く、崇神《すじん》天皇のときと伝えられている。蔵王権現は、奈良時代、行基が東国鎮護のため安置したという。鎌倉時代には、坂東武者の信仰を集め、畠山重忠《しげただ》をはじめ、北条氏や足利氏も祈りをささげた。

本殿の裏に行かずして下山するのは、もったいない。巨福《こふく》社、大口真神社、常磐堅磐《ときわかきわ》社、皇御孫命《すめみまのみこと》社など数多くの社殿と奥宮遥拝所、太占祭場《ふとまにさいじょう》があり、神威の強い場所である。

「武蔵御嶽神社」の墨書に社印。右上の「月の御嶽」は武蔵御嶽神社の雅称。下部に二本の樹木形の印を押し、円形の社印が奥多摩の山中に上った満月のようだ。

屋根に千木と鰹木がある本殿

ワンポイント

武蔵御嶽神社の宝物殿はおすすめ。なかでも畠山重忠が奉納したと伝えられる国宝「赤糸威《あかいとおどし》大鎧《おおよろい》」は必見。金覆輪円文螺鈿《きんぷくりんえんもんらでん》鏡鞍《かがみくら》も国宝。土曜、日曜、祝日のみ開館。

◉主祭神　櫛真智命（くしまちのみこと）、大己貴命（おおなむちのみこと）、少彦名命（すくなひこなのみこと）、廣國押武金日命（ひろくにおしたけかねひのみこと）　◉朱印受付時間　午前8時30分～午後4時　◉参拝料　無料　宝物殿500円（土日祝日開館）　◉アクセス　**鉄道・バス**／JR青梅線「御嶽駅」よりバス約10分「ケーブル下」下車、御岳登山鉄道「滝本駅」よりケーブルカー 6分「御岳山駅」下車、徒歩約25分。**車**／中央自動車道「八王子IC」より約50分。または圏央道「青梅IC」より約40分。御岳登山鉄道「滝本駅」よりケーブルカー。　◉駐車場　約300台（ケーブルカー駅併設）

〒198-0175　東京都青梅市御岳山176
TEL.0428-78-8500　http://musashimitakejinja.jp/

生島足島神社《いくしまたるしま》

日本の国土を守護する二柱の神

大地そのものを神としてまつる

言い伝えでは、諏訪大社よりも古くから信濃国に鎮座している名社であり、国土を守護する生島大神《いくしまおおかみ》と足島大神《たるしまおおかみ》をまつる。

社殿は池の島に建っている。「池心宮園地《いけこころのみやえんち》」と呼ぶもので、庭園のように美しい。本殿には床がなく、地面を御神体としているという。大地そのものを崇める珍しい神社なのである。

諏訪大社の祭神、建御名方富命《たけみなかたとみのみこと》が信濃に来たとき、この地に寄って生島大神、足島大神に供物を献じ、二柱の了承を得てから諏訪に向かったと伝えられている。古来、格式が高く、『延喜式神名帳《えんぎしきじんみょうちょう》』に「生嶋足嶋神社二座」が、名神大社として載っている。

生島神と足島神は、大阪の生國魂《いくくにたま》神社の祭神とし

神池の神島に鎮座する社殿

ても知られているが、元来は宮中で国土の神霊「国《くに》魂神《たまのかみ》」としてまつられていた。その神を土地開拓の神として信濃の国造《くにのみやつこ》が、この地に勧請したという説がある。

平安時代の史書『古語拾遺《こごしゅうい》』には「生島、是大八《これおおや》洲《しま》の霊」とあり、生島神は日本国の神霊だという。

生島足島神社では、生島大神は「万物に生命力を与える神」、足島大神は「万物を満ち足らしめる神」で、日本の真ん中に鎮座する国土の守護神としている。日本人としては一度は参拝したい神社である。

「生島足島神社」の墨書に印。「大八洲真中」の印の大八洲（おおやしま）は日本国の古称で、国土の中心に鎮座していることを表明。右下に真田家の「六文銭」の紋。

神島に架けられた御神橋

ワンポイント

生島足島神社は、武田信玄の願文《がんもん》、信玄の家臣が忠誠を誓った起請文《きしょうもん》、真田家の朱印状など数多くの古文書を所蔵。写しを歌舞伎舞台に拝観無料で展示している。

◉主祭神　生島大神、足島大神
◉参拝時間　午前9時～午後4時
◉参拝料　無料
◉アクセス　**鉄道・バス**／上田電鉄別所線「下之郷駅」より徒歩約5分。
車／上信越自動車道「上田菅平IC」より約30分。
◉駐車場　約40台

〒386-1211 長野県上田市下之郷中池
TEL..0268-38-2755　http://www.ikushimatarushima.jp/

愛宕《あたご》神社

「出世の石段」を上って運気隆盛

武士の立身出世話の舞台として名高い

都心の官庁街、ビジネス街からほど近い、愛宕山の頂上に鎮座する。慶長八（一六〇三）年、徳川家康が幕府を開くにあたり、江戸の防火防災の神として建立し、天下取りの必勝祈願をした勝軍《しょうぐん》地蔵菩薩もあわせてまつっている。

鳥居から社殿に上る急勾配の男坂は、「出世の石段」と呼ばれて有名だ。その名の由来は、三代将軍家光が増上寺参詣の帰途、愛宕下を通りかかった際、「馬に乗ったまま石段を上ることができる者がいるか」とたずねたことに始まる。従者の一人、讃岐高松藩主の生駒家の家臣、曲垣平九郎《まがきへいくろう》が名乗り出て、見事、騎乗のまま上り下りして、境内に咲く梅の枝を手折って戻り、将軍から賞賛されたという。講談

曲垣平九郎が馬で上った「出世の石段」

などで流布したため、多分に脚色されているが、平九郎は実在の人物。日ごろ磨いた能力を認められて立身出世するというのは、気分の良い話だ。

ビルが建ってなかった江戸時代は、街並みの彼方に海が見えた。『江戸名所図会《ずえ》』には「万戸千門は甍《いらか》をつらねて所せく。海水は渺焉《びょうえん》とひらけて、千里の風光を貯へ、もっとも美景の地なり」とある。勝海舟と西郷隆盛が、ここから江戸の町を眺め、「戦火で焼失させるのはしのびない」と語り合ったことが、無血開城につながったともいう。

中央に社名の墨書はなく、「愛宕神社」の社印のみ押してある。右上に火防の神のおおもとの神社として「伏火之総本社」の墨書と鎮座地を示す「芝愛宕山」の印。

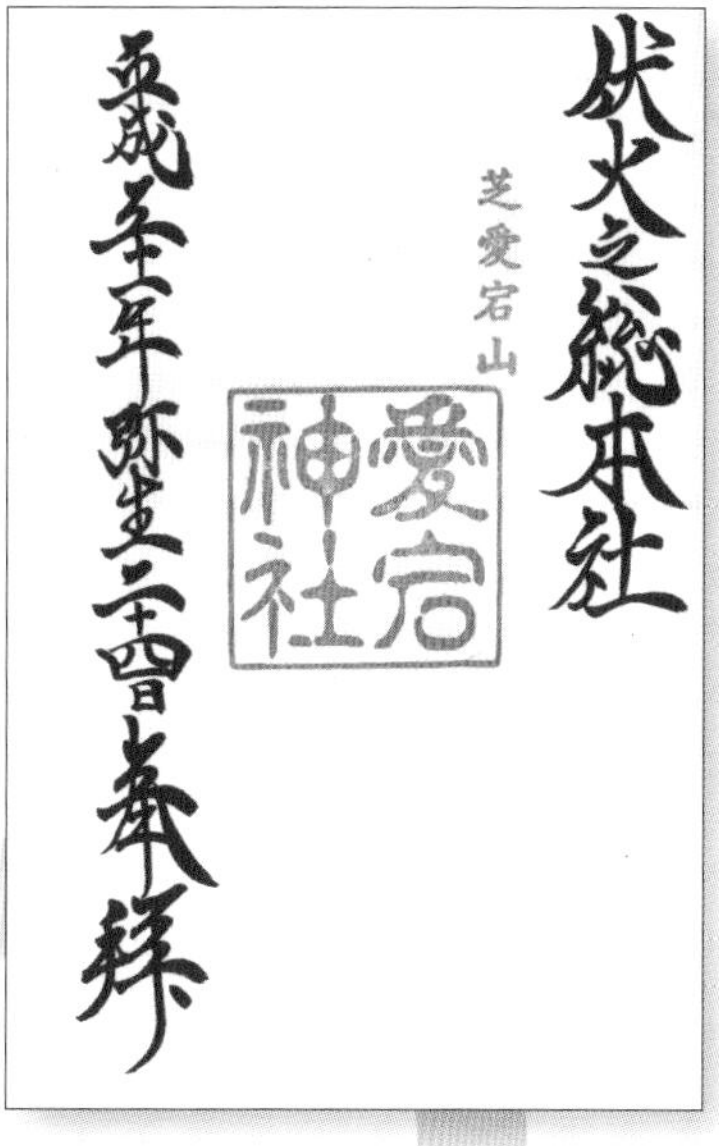

江戸の町の防火の神として幕府が創建

ワンポイント

火産霊命《ほむすびのみこと》とともにまつられている勝軍地蔵尊は、勝運、出世の利益《りやく》あり。「伊勢へ七度、熊野へ三度、愛宕さまへは月参り」の俚謡《りよう》のように繰り返し参拝するとよい。

◉主祭神　火産霊命
◉参拝時間　午前9時〜午後5時　祈願受付は午前10時〜午後3時
◉参拝料　無料
◉アクセス　**鉄道・バス**／東京メトロ日比谷線「神谷町駅」より徒歩約5分、または銀座線「虎ノ門駅」より徒歩約8分。
車／首都高速「芝公園出口」より約5分。
◉駐車場　6台

〒105-0002　東京都港区愛宕1-5-3
TEL.03-3431-0327　http://www.atago-jinja.com/

古《ふ》峯《る》神《み》社《ね》

天狗信仰の聖地で活力をいただく

日光の開山者、勝道《しょうどう》上人も修行した

栃木県鹿沼市の西の山中深く、日光や足尾の山々に続く古峰《こぶ》ヶ《が》原《はら》に鎮座しており、「天狗」信仰で広く名の知られている神社だ。宮司の先祖が古代から邸内にまつっていたと伝えられる日本《やまと》武尊《たけるのみこと》を祭神としている。

奈良時代、下野国《しもつけのくに》の僧、勝道上人は、日光を開山する前、古峰ヶ原で修行したという。以来、古峰ヶ原は、日光の僧たちの修行の場となった。また、修験道の霊地としても信仰を集めた。修験道は、日本古来の山岳信仰に密教が結びついた宗教で、修験者は霊験を得るため、山中に分け入り、難行苦行を行った。

古峰ヶ原の信仰は、山や水などの自然崇拝に始ま

深山幽谷の古峰ヶ原高原に鎮座

ったともいう。日本武尊をまつったのも、勝道上人がここで修行したのも、修験道の霊地になったのも、この場所が不思議な力を持っていることを昔の人は感じていためであろう。天狗も深山に棲む山の神である。古峯神社では、天狗は祭神の日本武尊の使いだとして、崇敬者が災難に見舞われると、飛翔して到来し、災厄を払ってくれる。また、開運に大きな力を発揮してくれるという。

古峯神社の天狗信仰は、今も息づいている。鼻高の「大天狗」や、くちばしを持つ「烏天狗」を生き生きと描いた御朱印は、人気がある。

多彩な天狗の絵の中から希望に沿って描いていただける。羽団扇型の朱印に「古峯神社」の文字。「古峯ヶ原」は鎮座地。「祥福」は吉祥、幸福と同義。

茅葺屋根の拝殿

ワンポイント

古峯神社から徒歩で1時間半ほど登ると、森の中に「深山巴《じんぜんともえ》の宿《しゅく》」と呼ぶ聖地がある。勝道上人が庵を結んだ場所で霊妙な雰囲気が漂う。車で行くこともできる。

◉主祭神　日本武尊
◉参拝時間　午前8時～午後5時
◉参拝料　無料
◉アクセス　**鉄道・バス**／JR日光線「鹿沼駅」よりバス約1時間。東武鉄道日光線「新鹿沼駅」よりバス約50分。**車**／東北自動車道「鹿沼IC」より約50分。
◉駐車場　約300台

〒322-0101　栃木県鹿沼市草久3027
TEL.0289-74-2111　http://www.furumine-jinjya.jp/

第3章
6

鹿島神宮

武運を守ってくれる神

人生の門出には鹿島の神に祈願

関東随一の名社である。『常陸国《ひたちのくに》風土記』には「天《あめ》の大神の社《やしろ》（鹿島神宮）、坂戸の社（摂社）、沼尾の社（摂社）の三処《みところ》を合はせて、惣《す》べてを香島《かしま》の天の大神と称《い》ふ」とある。

「天の大神」は高天原から降った神で、武甕槌神《たけみかづちのかみ》のこと。武甕槌神は、天照大神《あまてらすおおみかみ》の命で、天孫降臨に先立って豊葦原中国《とよあしはらのなかつくに》に経津主神《ふつぬしのかみ》とともに遣わされ、出雲国に降り立ち、大国主命と交渉して国を譲らせた。さらには神武天皇の東征の際、霊剣を与え、戦を助けた。

武甕槌神は軍神《いくさがみ》であるため、大和朝廷の東国進出とともに「武運を祈る社」として、この地に鹿島神宮が創建されたとみられる。同じく軍神である経津

境内から見上げる丹塗りの楼門

主神は、利根川対岸の香取《かとり》神宮にまつられている。
古代朝廷の祭祀を司った中臣《なかとみ》氏は、鹿島の神を篤く信仰した。中臣氏は藤原氏となり、平城京遷都のとき、鹿島神宮から武甕槌神を勧請して奈良の三笠山に春日《かすが》大社を創建する。
「鹿島立ち」という言葉の語源は諸説あるが、一つには東国から九州の防備に旅立つ防人《さきもり》が、鹿島神宮に詣でてから出発したことにちなむという。新天地を目指すとき、何か新しいことを始めるとき、吉事が起こるよう鹿島神宮に参拝しては、どうだろう。

中央に大きく「鹿島神宮」の墨書と社印。右上には天と地を表した図案を伴う「鹿島」の印。今上天皇の即位を祝い、「奉拝」の代わりに「奉祝御即位」の墨書。

北浦の水上に立つ一之鳥居

ワンポイント

鹿島神宮は御手洗池や要石《かなめいし》など境内に見所が多いが、境外にも訪ねておきたい場所がある。北浦の水上に立つ一の鳥居は、昔は鹿島神宮の玄関。ぜひ見ておこう。

◉主祭神　武甕槌神
◉参拝時間　24時間　祈祷、授与所は午前8時30分～午後4時30分
◉参拝料　無料
◉アクセス　**鉄道・バス**／JR鹿島線「鹿島神宮駅」より徒歩約10分。
車／東関東自総社道「潮来IC」より約1時間30分。
◉駐車場　約450台

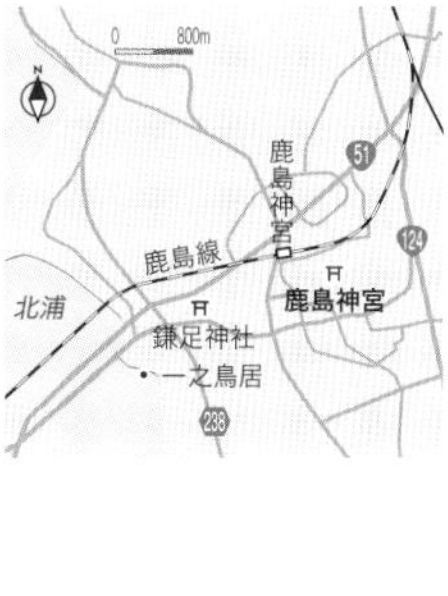

〒314-0031　茨城県鹿嶋市宮中2306-1
TEL.0299-82-1209　http://kashimajingu.jp/

第3章
7

牛伏寺《ごふくじ》

信州山中の厄除観音

善光寺に運ぶ経巻をこの寺に奉納

松本盆地の南東、鉢伏山《はちぶせやま》の谷あいにあり、信州の「厄除け寺」として昔から名高く、篤く信仰されてきた。山号を金峯山《きんぽうさん》、寺号を牛伏寺というが、参詣者からは親しみを込めて「うしぶせでら」とも呼ばれている。

人里離れた林間に、本坊、如意輪堂、仁王門、観音堂などが立ち並ぶ。由緒ある寺で、平安、鎌倉時代作の仏像を数多く安置する。清浄な気に満ちた境内の古色蒼然とした堂で、古くから崇められてきた仏に「厄除」「家内安全」「心身健勝」「心願成就」などの祈祷を行えば、望みがかなう気がしてくる。

牛伏寺の縁起は壮大である。寺伝によると、聖徳太子の発願で建立された。奈良時代、唐の玄宗《げんそう》皇帝

如意輪堂と仁王門

が楊貴妃《ようきひ》の菩提を弔うため、日本の善光寺に『大般若経』六百巻を納めることにしたが、経巻を運ぶ赤黒二頭の牛が、この地で倒れた。使者はこの寺の本尊、十一面観世音菩薩の霊力によるものと感得して、経巻をこの寺に納め、帰国した。この因縁により、寺号を「牛伏寺」に改めたという。山門の手前には、倒れた牛をまつる牛堂がある。

金峯山の山号が示すように、昔は修験の霊場で、鉢伏山の山頂には、蔵王権現をまつる奥の院が建っていたと伝える。

「厄除」と書いた下に「大悲閣」の墨書と三宝珠の宝印。大悲は観世音菩薩の別名。右上「奉拝」に「信濃二十七番」札所の印。左下に「牛伏寺」の寺号と寺印。

本堂にあたる観音堂

ワンポイント

牛伏山の奥宮があった鉢伏山の山頂には、今、祠がある。標高1929mもあり、車で行かないと登山は困難だが、松本平の彼方に北アルプスが連なる絶景が広がる。

◉本尊　十一面観世音菩薩
◉参拝時間　午前9時～午後4時　祈祷は午前10時～午後3時
◉参拝料　無料
◉アクセス　**鉄道・バス**／JR篠ノ井線「村井駅」よりタクシー約20分。
車／長野自動車道「塩尻北IC」より約20分。
◉駐車場　約50台

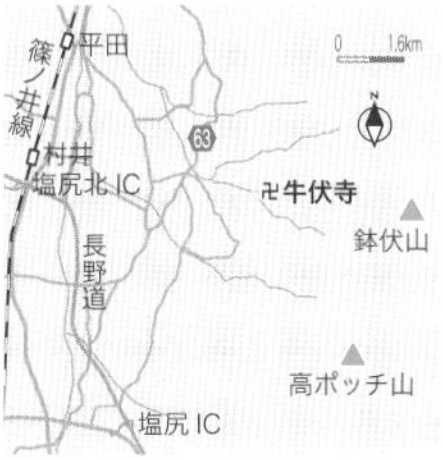

〒399-0023　長野県松本市内田2573
TEL.0263-58-3178　http://www.ikushimatarushima.jp/

大雄山最乗寺《だいゆうざんさいじょうじ》

無双の怪力の持ち主、道了尊《どうりょうそん》

天狗になった僧をまつる御真殿《ごしんでん》

関東地方には、古くから数多くの霊山、霊場があるが、江戸の人々に人気があった参詣地といえば、富士講の富士山、丹沢の大山詣《おおやまもうで》、それから「道了尊」と呼ばれる大雄山最乗寺だ。

道了は、実在したとも伝説ともいわれる僧の名。室町時代、相模国生まれの高僧、了庵慧明《りょうあんえみょう》の弟子で、了庵が最乗寺を開創したとき、怪力で師を助けた。

ずっと後の世の江戸時代後期の地誌だが、『新編相模国風土記稿』には「道了は旧了庵の徒弟たり。寺伝に拠《よる》に、無双の大力にして、当山を開く時、師に力を合わせ、一人にて大木大石を除き、其《その》功少からず。又師の為に、当山守護の請願を発起し応永十八（一四一一）年、遂に天狗となりて、山中に住

森厳な気配がただよう境内

せり」とある。

道了は、道了尊のほかに、道了大薩埵《だいさった》、道了大権現とも呼ばれて崇拝されてきた。江戸時代、関東地方の各地に最乗寺詣の講が組織され、団体による参詣が行われたが、それは天狗になった道了の高い人気の表れであった。

釈迦牟尼仏《しゃかむにぶつ》を本尊とする本堂に参拝したあとは、道了大薩埵をまつる「御真殿」へ。御真殿の脇には天狗が履く鉄製の大きな高下駄がいくつも奉納されていて、現代に至っても道了の人気がうかがえる。

中央に大きく「道了尊」と墨書し、「威徳神通」と記した葉団扇の印を押す。葉団扇は天狗の持ち物。右上の印には「関東霊域」。左下は「大雄山印」と記した寺印。

御真殿と奉納された高下駄

ワンポイント

境内最奥の高台に「奥の院」がある。急な階段が350段余り続き、挫けそうになるが、頑張って上ろう。道了大薩埵の本地仏、十一面観音菩薩が安置されている。

◉本尊　釈迦牟尼仏
◉参拝時間　午前6時～午後4時　授与所は9時～午後4時
◉参拝料　無料
◉アクセス　**鉄道・バス**／伊豆箱根鉄道大雄山線「大雄山駅」よりバス約10分。**車**／東名高速道路「大井松田IC」より約20分。
◉駐車場　約250台

〒250-0127 神奈川県南足柄市大雄町1157
TEL.0465-74-3121　https://daiyuuzan.or.jp/

第3章
9

太平山神社《おおひらさん》

天下太平をもたらす宮で幸せを願う

関東平野を見渡す山上に鎮座

この神社は、まず「太平山」という社名が良い。世の中が平和で穏やかな「天下太平」に通じる。それから景色が良い。太平山の山上は戦国時代、越後から関東に遠征してきた上杉謙信が、関東平野を見渡したという言い伝えから「謙信平」と呼ばれる。また、風光明媚さから「陸の松島」とも称えられる。

太平山神社は、もとは神仏習合の社寺で太平権現と称した。仁王と神像の位置を入れ替えただけで、仁王門が随神門として残っているなど、現在も神仏混淆《こんこう》が感じられる。

この地が人々の信仰の対象となったのは古く、垂《すい》仁《にん》天皇の世に、現在、奥宮に鎮座する天目一大神《あめのまひとつのおおかみ》がまつられていたと伝えられている。平安時代、円《えん》

仁王門として建てられた随神門

仁《にん》によって淳和《じゅんな》天皇の勅額が奉じられ、その際、「天下太平を祈る社」として社号も賜った。円仁は、地元、下野国《しもつけのくに》（栃木県の旧国名）の生まれで幼くして聡明。十五歳のとき、比叡山延暦寺に登り、最澄に師事。天台座主《ざす》にまでなった高僧。死後、朝廷から慈覚《じかく》大師の号を贈られている。

境内には、高天原から降臨した「瓊瓊杵命《ににぎのみこと》」、日の神「天照皇大御神《あまてらすめおおみかみ》」、食物の神「豊受姫大神《とようけひめのおおかみ》」の三柱をまつる本殿のほか、福神社、星宮神社など多くの社殿が並ぶ。

「太平山神社」が竜・鳳凰・虎・亀に囲まれている印。所蔵の額を模した意匠になっている。「己亥（きがい、つちのとい）」は令和元年の干支。

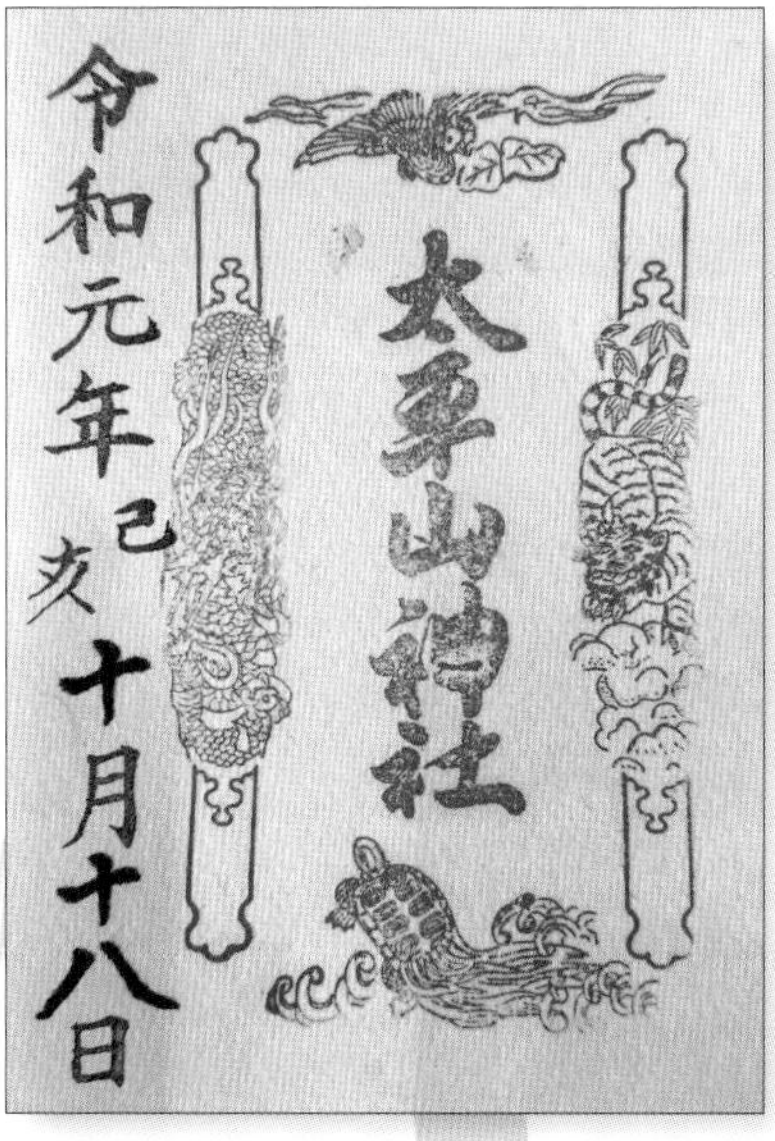

本殿で天下太平を祈願

ワンポイント

太平山は、春は桜、夏の初めはあじさいの名所。花の季節に合わせて参拝するのも趣がある。謙信平には、名物のだんごを商う茶店が並ぶ。景色とともに味わおう。

◉主祭神　瓊瓊杵命、天照皇大御神、豊受姫大神
◉参拝時間　午前9時～午後4時30分
◉参拝料　無料
◉アクセス　**鉄道・バス**／JR両毛線・東武鉄道日光線「栃木駅」よりバス約15分。**車**／東北自動車道「栃木IC」より約15分。
◉駐車場　約300台

〒328-0054　栃木県栃木市平井町659
TEL.0282-22-0227　http://www.ohirasanjinja.rpr.jp/

第3章 10

山中に百八十八柱もの神々をまつる
御岩神社《おいわじんじゃ》

神が降臨した賀毗禮《かびれ》之高峰

日立市西部に位置する御岩山は、かつて「賀毗禮之高峰」と呼ばれ、奈良時代に編纂された『常陸国《ひたちのくに》風土記』に記されている。山の麓には御岩神社が、中腹には賀毗禮神宮がある。山頂まで登拝する事ができ、眼下には久慈《くじ》の山々が連なり、雄大な景色が広がる。

『常陸国風土記』には御岩神社の始原の神、立速《たちはや》日男命《ひおのみこと》が登場する。立速日男命は松沢の松の樹の八俣の上、今の常陸太田市付近にあったと考えられている松の木へ、高天原より降り立った。しかし、人里に近く、神にとっては不浄であり、集落に災いや病をもたらした。それに困った人々が朝廷から祭祀を司る役人を呼びお祈り申し上げ、「高山の清き境」、

神仏習合の歴史が色濃く残る境内

つまり現在の御岩山へお移りいただいたそうだ。以来、御岩山は神威の強さから、鳥も飛ぶのを避けたという。

中世には山岳信仰とともに神仏混淆の霊場になり、江戸時代には水戸藩の祈願所として藩の庇護のもと隆盛を誇った。徳川光圀《みつくに》はこの地で「大日本史編纂筆初めの儀」を行っている。

かつての名残で、御岩神社では今も神仏両方まつられている。百八十八柱もの神が鎮まるこの山では、自然と敬虔な気持ちになる。

「御岩神社」の墨書に「葵」の印と神社名の印。右上に歴史の古さを誇る「常陸国最古霊山」の印。葵の社紋は、江戸時代、水戸徳川家の祈願所だった由緒を伝える。

日立の山中に鎮座する社

ワンポイント

御岩神社から賀毗禮神宮や御岩山の山頂に登る場合、山道を歩くことになる。特に山頂付近は岩場のため慎重に行動しよう。午後3時以降の入山は禁止されている。

◉主祭神　国常立尊（くにとこたちのみこと）、大国主命（おおくにぬしのみこと）、伊邪那美命（いざなみのみこと）
◉参拝時間　午前9時～午後5時
◉参拝料　無料
◉アクセス　**鉄道・バス**／JR常磐線「日立駅」よりバス約35分。
車／常磐自動車道「日立中央IC」より約15分。
◉駐車場　約200台

〒311-0402　茨城県日立市入四間町752
TEL.0294-21-8445　http://www.oiwajinja.jp/

番外編 1

日本で最も高い場所に鎮座 富士山頂上 浅間《せんげん》大社《たいしゃ》奥宮《おくみや》

富士宮口五合目から山頂を目指す

◉主祭神　木花之佐久夜毘売命
◉参拝時間　7月上旬～9月上旬、午前5時～午後5時 ◉参拝料　無料
◉アクセス　**鉄道・バス**／JR東海道新幹線「新富士駅」またはJR東海道線「富士駅」よりバス約2時間、またはJR身延線「富士宮駅」よりバス約1時間30分「富士宮口五合目」、徒歩約5時間。 **車**／東名高速道路「富士IC」または新東名高速道路「新富士IC」より約30分「水ヶ塚公園駐車場」、シャトルバス約40分「富士宮口五合目」、徒歩約5時間。
◉駐車場　約1000台（水ヶ塚公園駐車場）

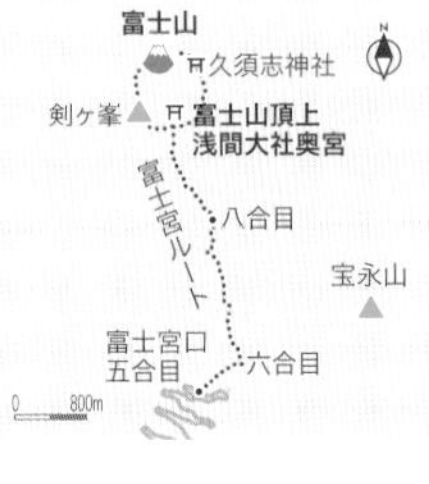

〒418-0011　静岡県富士宮市粟倉地先（富士山頂）
http://fuji-hongu.or.jp/sengen/
▼連絡先は、富士山本宮浅間大社
〒418-0067 静岡県富士宮市宮町1-1 TEL.0544-27-2002

山小屋で休みながら登山

右は「霊峯登拝　浅間大社奥宮」の印に「富士山頂上」の墨書。左は「霊峯登拝　浅間大社奥宮　富士頂上　國鎮無上嶽」の印。国鎮無上嶽は社殿の扉にある言葉。

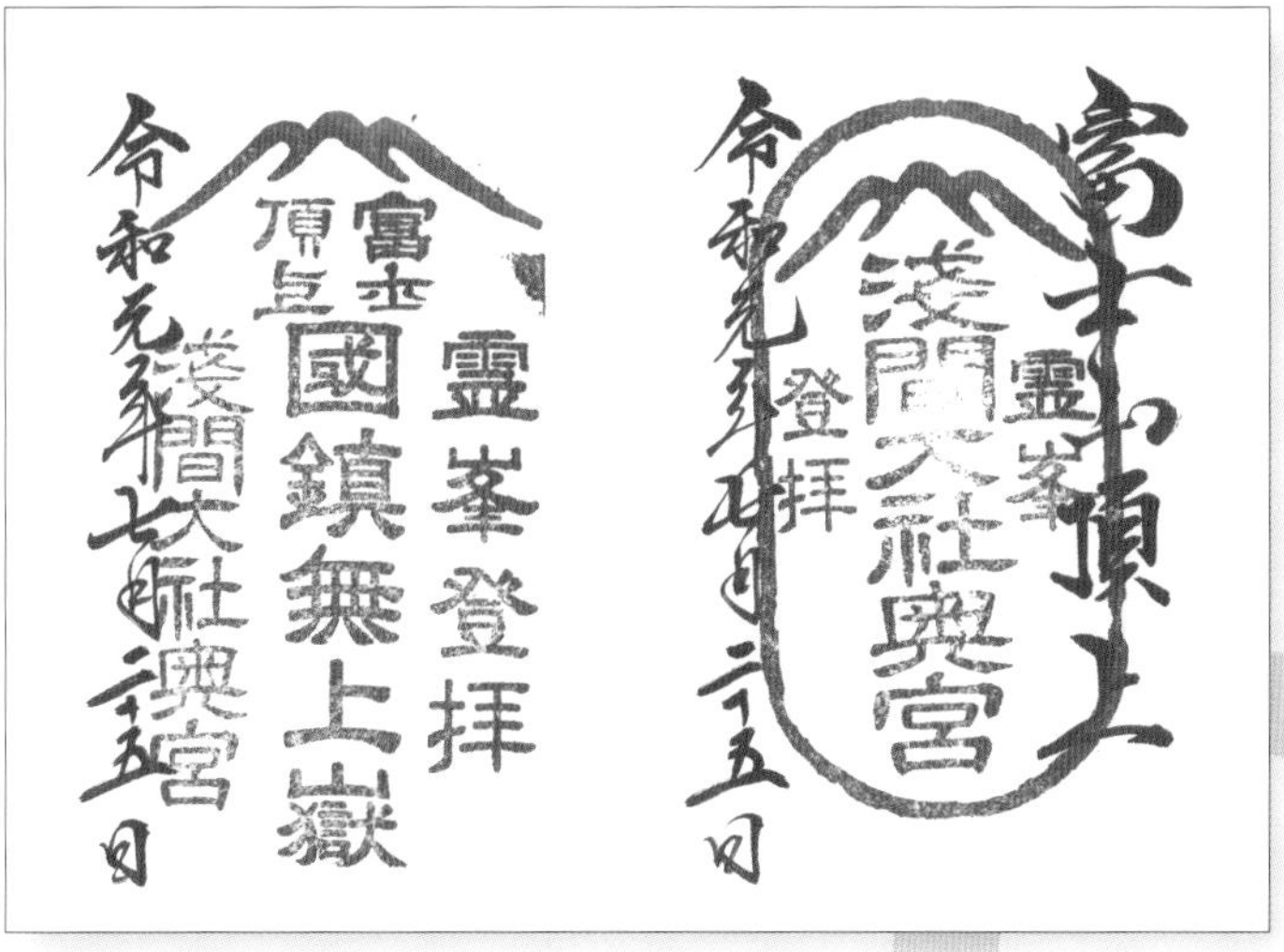

花のような繁栄をもたらす祭神

日本の最高峰、富士山の頂上には神社があり、御朱印もいただける。

表口登山道の富士宮ルートを登り詰めた火口の縁には、麓の富士山本宮浅間大社の奥宮、吉田口を登り詰めた所には、奥宮の末社の久須志《くすし》神社がある。どちらも日本で最も天に近い場所に鎮座する神社であり、一度は参拝したい。

富士山は、万葉の時代から「大和《やまと》の国の鎮《しず》めともいます神かも宝ともなれる山かも駿河なる富士の高嶺は見れども飽《あ》かぬかも」とたたえられてきた。奥宮の主神は「浅間大神《あさまのおおかみ》」ともいう木花之佐久夜毘売命《このはなのさくやひめのみこと》。大山祇神《おおやまづみのかみ》の娘で、高天原から降臨した瓊瓊《にに》杵尊《ぎのみこと》と結婚した。一緒にいれば「木の花の栄ゆるが如く栄える」と大山祇神が請け合った麗しき女神だ。

❶富士宮口の山頂に到着　❷山頂に鎮座する浅間大社奥宮　❸火口を一周するお鉢めぐり　❹奥宮で金剛杖の刻印もしていただける

麓の本宮は、伝承上の垂仁《すいにん》天皇の御代に浅間大神を富士山麓にまつり、平安時代の平城《へいぜい》天皇のとき、現在地に社殿を造営、遷座したという。以来、朝廷、武家から庶民まで崇敬篤く、『延喜式』の名神大社、駿河一の宮、全国にある浅間神社の総本宮である。

奥宮は社殿こそ小さいが、八合目以上は神域で境内は広大。火口の縁には標高三七七六メートルの剣ケ峰を含め八つの峰がある。余力があれば、お鉢めぐりにも挑戦しよう。

ワンポイント

健脚なら早朝、五合目を出発すれば、山頂まで日帰りできないことはないが、高度障害を予防するためにも途中の山小屋に泊まり、ゆっくり登ることをすすめる。

第4章

「歴史・文化を味わう」御朱印めぐり10社寺

第4章
1

安《あん》楽《らく》寺《じ》

「信州の鎌倉」で古寺巡礼

山の斜面に建つ国宝の八角三重塔

「本尊釈迦如来」の墨書に「佛法僧寶」の三宝印。「己亥（きがい、つちのとい）」は令和元年の干支。右上は「古禅苑」。左下「安楽寺」の墨書に「安楽護聖禅寺」の印。

鎌倉の武将、北条義政《よしまさ》が隠棲

信州上田盆地の南西に位置する別所温泉は、三方を夫神《おがみ》岳、女神岳、独鈷山《とっこさん》などの山々に囲まれ、「別天地」や「隠れ里」といった趣がある。古刹の参詣や外湯めぐりをしていると、次第に世俗を離れた境地になってくる。

別所温泉の歴史は古い。地元では、日本武尊《やまとたけるのみこと》が東征の際に見つけたという言い伝えや、清少納言の『枕草子』のものづくしに出てくる温泉とする説もあるが、定かではない。確かなことは、平安時代、別所温泉のある塩田平には荘園があり、鎌倉時代、幕府の要職を務めた北条義政が出家して、この地に住み、その子孫が塩田北条氏として勢力を振るったことである。そのた

◉本尊　釈迦如来
◉参拝時間　午前8時～午後5時（冬季は午後4時まで）
◉参拝料　無料、八角三重塔は拝観料300円
◉アクセス　**鉄道・バス**／上田電鉄別所線「別所温泉駅」より徒歩約15分。**車**／上信越自動車道「上田菅平IC」より約30分。
◉駐車場　約20台

〒386-1431　長野県上田市別所温泉2361
TEL.0268-38-2062　http://www.anrakuji.com/

め、別所には、鎌倉時代の建築物や文化が残っている。

国宝「八角三重塔」から北向観音へ

安楽寺は、国宝の「八角三重塔」があることで知られている。曹洞宗の寺で本尊は釈迦如来。寺伝によると、平安時代、長楽寺、常楽寺とともに別所三楽寺の一つとして創建された。初めは律宗の寺だったようだ。

鎌倉時代、塩田北条氏が開基となり、宋から帰国した樵谷惟仙《しょうこくいせん》が、安楽寺を臨済宗の寺として再興し開山する。二世の幼牛《ようぎゅう》恵仁《えにん》は、宋からの渡来僧だ。

惟仙や恵仁は、宋から渡来して鎌倉の建長寺を開山した蘭渓道隆《らんけいどうりゅう》と親交があり、安楽寺は信濃国で最初の本格的な禅寺になった。

八角三重塔は、惟仙や恵仁が大陸の煉瓦《れんが》で築いた磚《せん》塔の様式を模して建てたのではないかという。一見、四層に見えるが初重の屋根は庇《ひさし》にあたる裳階《もこし》とされている。日本に現存する唯一の禅宗様八角三重塔は、文化財として貴重であるとともに、山の斜面

に建つ情景の美しさでも類を見ない。

安楽寺の山の並びには景色の良い庭と古い石造多宝塔が見所の常楽寺があり、向かいの山の斜面には厄除で有名な北向観音がある。北向観音の堂は風格と親しみが合わさった味わいがあり、何だか心が落ち着く。

「善光寺に参詣して、この堂に参らなければ、片詣になる」と昔の人は言ったらしい。

❶裳階があるため、四重塔に見える ❷安楽寺は信州最古の禅刹 ❸別所三楽寺の一つ常楽寺の境内 ❹厄除の参拝者でにぎわう北向観音堂 ❺別所温泉の共同浴場、大師湯 ❻風情ある北向観音の参道

ワンポイント

外湯めぐりも別所温泉の楽しみだ。北向観音近くの外湯「大師湯」には、あまりに良い湯で、安楽寺から惟仙和尚、恵仁和尚の木像が入りに来たという伝説がある。

第4章
2

弟橘媛《おとたちばなひめ》の悲話の舞台
走水《はしりみず》神社

わが身を犠牲にして海に入った后《きさき》

三浦半島の東端、走水は、『古事記』『日本書紀』に記された弟橘媛の入水《じゅすい》伝説によって、日本人の心に強く刻まれている地名だ。

東征に出た日本武尊《やまとたけるのみこと》は、相模国《さがみのくに》から「走水の海」を渡って、上総国《かずさのくに》に向かうことにした。走水の海とは、三浦半島と房総半島の間、太平洋と東京湾を結ぶ浦賀水道のことだ。

尊の一行が海を渡ろうとすると、海神が荒波を起こし、船は進まない。そのとき、后の弟橘媛が「御《み》子《こ》に易《かわ》りて、海の中に入らむ」と言って入水した。すると、波は静まり、尊の船は進むことができたという。

『古事記』では、七日後、后の櫛《くし》が海辺に流れ着

三浦半島の東端に鎮座

いたので、御陵《みはか》を作って納めたという。

走水神社は、浦賀水道を見下ろす高台に建ち、日本武尊をまつっている。

わが身を犠牲にして尊を助けた弟橘媛を祭神とする神社は、眼下の岬、旗山崎にあったが、明治になって走水神社に合祀された。

社殿の裏に『古事記』に記された弟橘媛命の最期の歌「さねさし相模の小野に燃ゆる火の火中《ほなか》に立ちて問ひし君はも」を刻んだ碑がある。自分を思ってくれた人に思いを返す歌で切ない。


中央に草書で「走水神社」の墨書と社印。「奉拝」の下に「相模國走水」の書入れ。相模國は神奈川県の旧国名。「走水」は『古事記』『日本書紀』に載る古い地名。

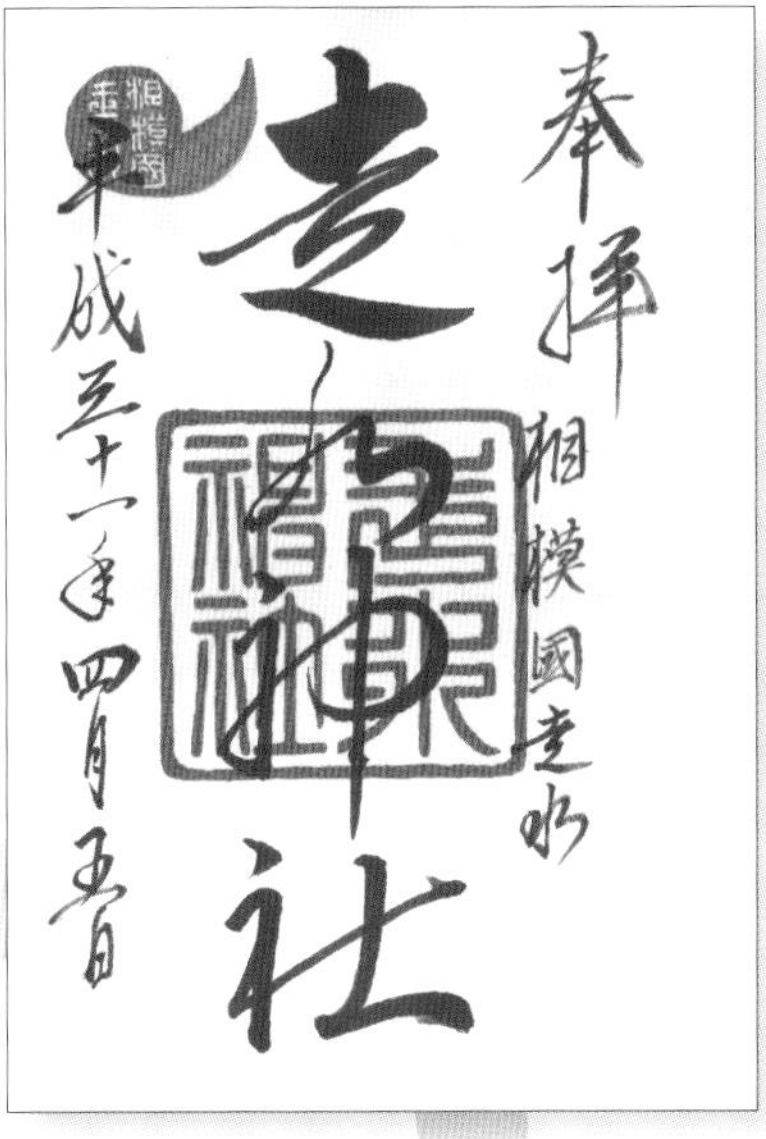

房総半島との間の海を望む参道

ワンポイント

走水港の岬は、日本武尊が海を渡る際、臨時の御所を設け、旗を立てたという言い伝えから御所ヶ崎、旗山崎と呼ぶ。幕末、明治には江戸東京防衛の砲台が築かれた。

◉主祭神　日本武尊、弟橘媛命
◉参拝時間　24時間、社務所は午前9時～午後3時
◉参拝料　無料
◉アクセス　**鉄道・バス**／京浜急行電鉄本線「馬堀海岸駅」よりバス約10分。**車**／横浜横須賀道路「馬堀海岸IC」より約5分。
◉駐車場　約10台

〒239-0811　神奈川県横須賀市走水2-12-5
TEL.046-844-4122　http://www12.plala.or.jp/hasirimizujinjya/

日光二荒山《ふたらさん》神社中宮祠《ちゅうぐうし》

勝道《しょうどう》上人が三度目の挑戦で登頂

ご神体の男体山《なんたいさん》を仰ぐ社《やしろ》

日光の霊峰、男体山の麓の中禅寺湖畔に鎮座する社。日光二荒山神社は、日光山内の東照宮の西隣りに本社があり、男体山の山頂に奥宮がある。中宮祠はそれらの中間の社を意味する。神体山である男体山の登山口にあたり、境内に登拝門がある。

二荒山は、男体山の古い呼び方だ。男体山は補陀《ふだ》落《らく》山ともいった。伝説によれば、日光という地名は、空海が登山した際、二荒を改めたという。二荒の呼び名の起こりは、年に二度、春秋に大風が吹き荒れたためとも、観音菩薩が住む補陀落が変化したともいう。

奈良時代、下野国《しもつけのくに》の僧、勝道上人は、男体山の登拝を志し、二度挑んで失敗したのち、天応二（七八二）

男体山頂上の奥宮への登拝口

年三月、雪をかきわけて山頂を極めた。そして延暦三（七八四）年、山麓に二荒山権現をまつるとともに本地仏の千手観音を安置する中禅寺を建てた。その権現が現在の日光二荒山神社中宮祠である。中禅寺は明治の山崩れで倒壊し、湖の南岸に移った。

日光は東照宮ができる遥か昔から霊地だった。その信仰は、男体山をはじめ山々を崇拝することから始まっている。中宮祠から男体山の頂までおよそ三時間半。急登の続く苦しい道だが、眼下に中禅寺湖の絶景が広がる。

中央に「日光二荒山神社中宮祠」の墨書と「二荒山神社中宮」の印。右上に「男体山登拝口」、左下に「幸の湖々畔」の印。幸の湖（さちのうみ）は中禅寺湖の別称。

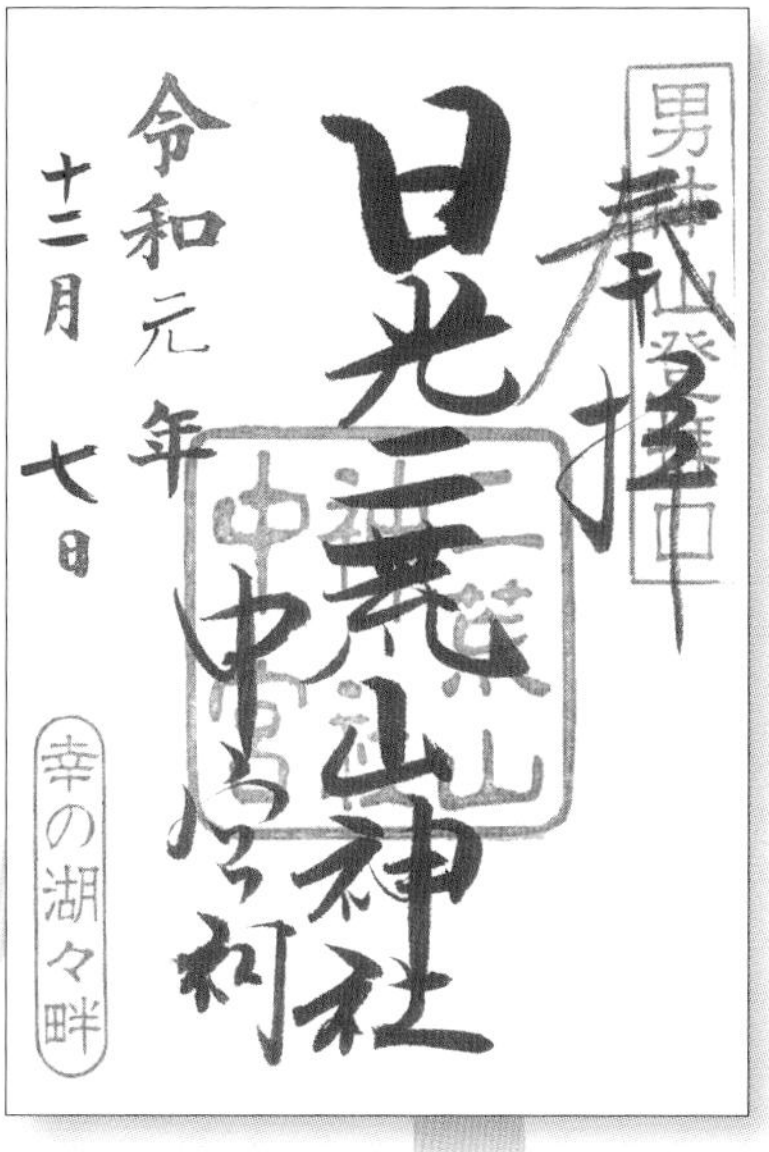

中禅寺湖畔に臨む境内

ワンポイント

男体山は登拝できる期間が4月25日から11月11日までと決まっている。雪などの状況で期間が変わることもある。中宮祠の受付で記帳し、入山料を納めて登る。

◉主祭神　大己貴命（おおなむちのみこと）、田心姫命（たごりひめのみこと）、味耜高彦根命（あじすきたかひこねのみこと）
◉参拝時間　午前6時～午後5時（登山受付は正午まで）
11月～3月は午前7時～午後4時
◉参拝料　無料、入山料は500円
◉アクセス　**鉄道・バス**／JR・東武鉄道日光線「日光駅」よりバス約50分。**車**／日光宇都宮道路「清滝IC」より約30分。◉駐車場　約40台

〒321-1661 栃木県日光市中宮祠2484
TEL.0288-55-0017　http://www.futarasan.jp/

第4章
4

武田神社

戦国の名将、武田信玄の城にある

勝運と産業振興の神、信玄公

武田神社は武田信玄の居城、躑躅《つつじ》ヶ《が》崎館《さきやかた》（武田氏館）跡に鎮座し、信玄をまつっている。

躑躅ヶ崎館は、甲斐国《かいのくに》守護から戦国大名になった武田信虎《のぶとら》が、永正十六（一五一九）年、石和《いさわ》から館を移して以降、信玄を経て勝頼《かつより》まで三代にわたって続いた。信玄の「人は城　人は石垣　人は堀　情は味方　仇《あだ》は敵なり」の歌は有名だが、戦国時代に築かれた躑躅ヶ崎館は、堀と土塁をめぐらした堅固な城である。

天文十（一五四一）年、当主になった信玄は、父の信濃侵攻策を引き継ぐ。攻められた北信の城主は、越後の戦国大名、上杉謙信を頼ったため、謙信と対立。天文二十二（一五五三）年から永禄七（一五六四）

戦国大名武田氏の館跡にある

年まで善光寺平の川中島で五度の合戦を行った。四度目のときには両者の一騎打ちがあり、謙信の太刀を信玄が軍配団扇《ぐんばいうちわ》で受け止めたと伝えられている。

信玄は戦に優れていただけでなく、信玄堤《つつみ》に名を残すなど領国経営にも力を注ぎ、後世の人々から敬慕された。大正になって、現在地に武田神社が創建され、以来、甲州の守護神、勝運の神、産業振興の神として信仰を集めている。信玄は『甲陽軍鑑《こうようぐんかん》』のなかで「六分、七分の勝はこれ十分の勝なり」と勝ちすぎを諌めている。卓越した武将の言葉である。

「奉拝」と大きく書き、社名の墨書はなく、「武田神社」の社印を押す。右上の「風林火山」と記した「軍配団扇」の印と下部の「龍」の印が、武田信玄をしのばせる。

武田信玄を甲斐の鎮護としてまつる

ワンポイント

甲府には市街地中心部に近世に築いた石垣の見事な府中城（甲府城）がある。堀と土塁で囲まれた躑躅ヶ崎城を見たあと訪ねると、日本の城郭の変遷がよくわかる。

◉祭神　武田晴信（信玄）公
◉参拝時間　午前9時～午後4時
◉参拝料　無料
◉アクセス　**鉄道・バス**／JR中央本線「甲府駅」よりバス約10分。
車／中央自動車道「甲府昭和IC」より約30分。
◉駐車場　約150台

〒400-0014　山梨県甲府市古府中町2611
TEL.055-252-2609　http://www.takedajinja.or.jp/

第4章
5

称名寺《しょうみょうじ》

鎌倉時代、北条実時《さねとき》の持仏《じぶつ》堂に始まる

金沢八景に選ばれた景勝地

仁王門を入ると朱の反り橋が架かる池が広がり、対岸に山を背にした金堂が見える。この寺の境内は、仏の浄土のように美しい。特に桜の花が水面に散る春の景色は素晴らしい。

称名寺の歴史は、鎌倉時代、六浦荘《むつらのしょう》金沢に住んだ北条実時の持仏堂に始まるという。二代、顕時《あきとき》が弥勒堂や三重塔を建立。三代、貞顕《さだあき》のとき、阿字ケ池を囲んで、金堂、講堂、仁王門など、七堂伽藍が備わったと伝えている。

鎌倉幕府が倒れたあとも鎌倉公方《くぼう》や江戸幕府が庇護したが、往時に比べれば衰退した。

実時は政治と学問に関心が深く、和漢の書籍を収集し、金沢の居館に文庫を設けた。鎌倉幕府滅亡後、

阿字ヶ池の反り橋を渡って金堂に参詣

称名寺が文庫を管理。現在は称名寺に隣接する神奈川県立金沢文庫が古書や美術品を保管している。

金沢は、中世から勝景の地として知られ、江戸時代初めには、明からきた僧の心越《しんえつ》が、中国の洞庭湖《どうていこ》の八つの佳景に擬して八景を選び、詩を賦《ふ》した。称名寺の景勝は「称名晩鐘《しょうみょうのばんしょう》」として、「洲崎晴嵐《せいらん》」「平潟落雁《らくがん》」「野島夕照《せきしょう》」などともに選ばれている。金沢の海は埋め立てが進んでしまったが、称名寺の裏山に登れば、「千里の風光窮《きわ》まりない」と称された江戸時代ほどではなくても海が見えて心が晴れる。

弥勒菩薩の種子に続けて「彌勒」と墨書した下に草冠を重ねている。「菩薩」の略字でササと書いたように見えるため、「ささ菩薩」といい、昔から使われてきた。

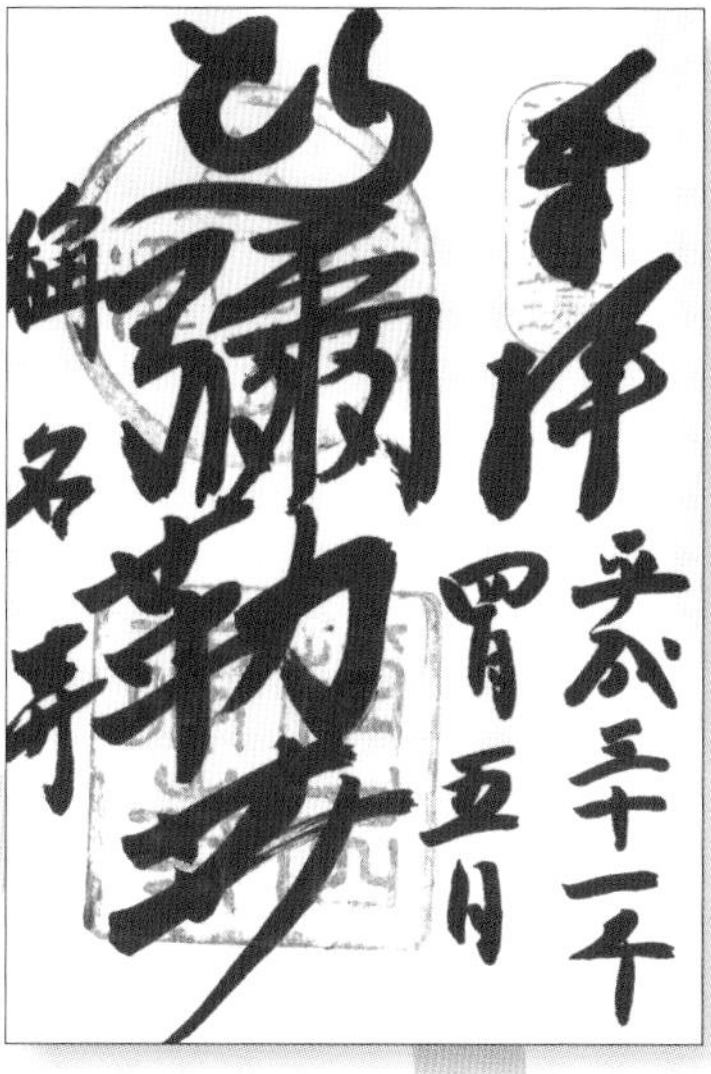

仁王門を抜けると眼前に池が広がる

ワンポイント

称名寺を取り囲む山林は「称名寺市民の森」として、ちょっとしたハイキングコースになっている。途中に、八角堂広場、稲荷山休憩所、北条実時公の廟などがある。

◉本尊　弥勒菩薩
◉参拝時間　午前9時～午後4時30分
12月～4月中旬は午前10時～午後3時30分
◉参拝料　無料
◉アクセス　**鉄道・バス**／京浜急行本線「金沢文庫駅」より徒歩12分。横浜シーサイドライン「海の公園南口駅」または「海の公園柴口駅」より徒歩10分。
◉駐車場　無

〒236-0015　神奈川県横浜市金沢区金沢町212-1
TEL.045-701-9573

第4章
6

徳川氏の祖先の地にある

世《せ》良《ら》田《だ》東照宮

日光東照宮から奥社を移築

中世の頃、現在の太田市世良田辺りは新田荘《にったのしょう》といった。新田荘は、平安後期の武将で、八幡太郎と呼ばれた源氏の棟梁、源義家《よしいえ》の孫の義重《よししげ》が開拓した広大な土地だった。新田荘を本拠地にした義重は、新田氏を名乗る。ずっと後だが、新田氏八代の義貞《よしさだ》は、世良田の生品《いくしな》神社で兵を挙げ、鎌倉幕府を倒す。新田義重の子、義季《よしすえ》は新田荘の世良田郷や得川《とくがわ》郷を領有して世良田義季や得川（徳川）義季と称し、世良田に長楽寺を開基した。

南朝方の新田義貞と北朝方の足利尊氏の争いにより、義季の子孫は世良田を離れ、流浪の旅に出て、三河国（現在の愛知県）松平郷の領主、松平氏の婿になったという、その後裔が、松平元康《もとやす》、のちの家

太田市世良田町に鎮座する東照宮

康だ。家康は義季を家祖と仰ぎ、永禄九（一五六六）年、徳川を姓にした。

元和二（一六一六）年、家康が駿府で生涯を終えると遺体は久能山《くのうざん》に葬られたあと、天海《てんかい》僧正により日光に改葬される。日光輪王寺と世良田の長楽寺の住職を兼ねていた天海は、三代将軍、家光が日光東照宮を改築したとき、奥社の拝殿を長楽寺の境内に移築して、世良田東照宮を創建。世良田の民は東照宮ができたことで、夫役《ぶやく》の免除や用水の利用など、徳川幕府からさまざまな恩恵を得たという。

中央に「世良田東照宮」の墨書と社印。右上には「徳川葵」と称される「丸に三つ葉葵」の紋が威光を放ち、右下には「徳川氏発祥の地」の印が押してある。

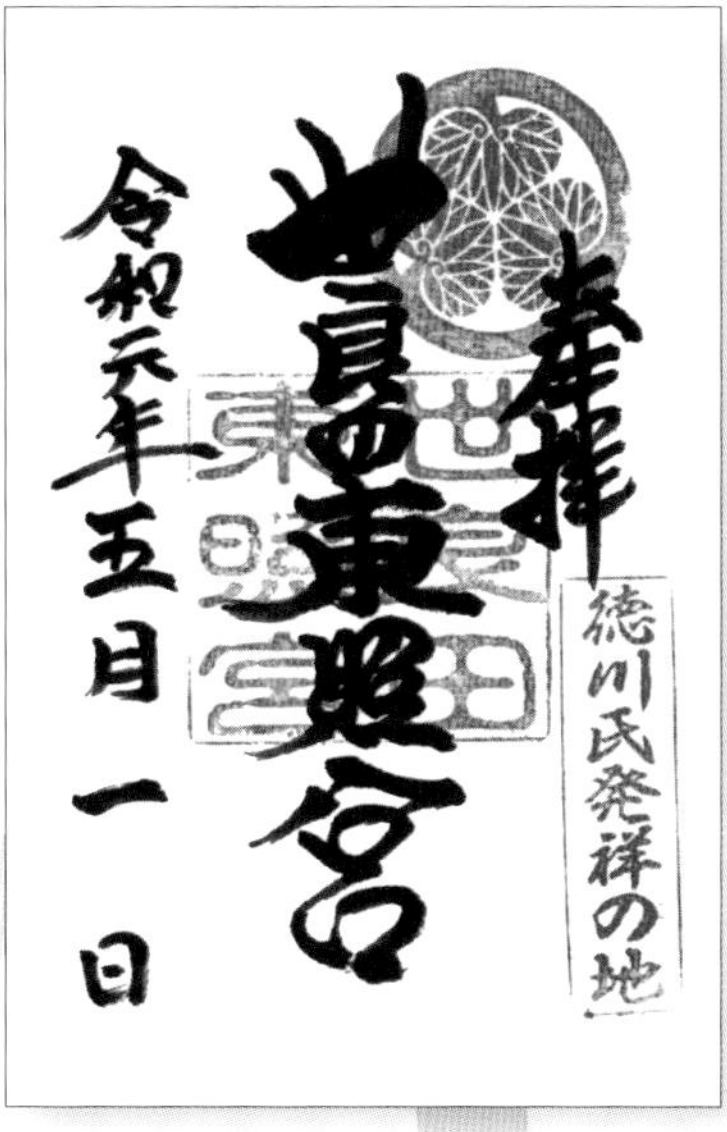

江戸時代に日光東照宮から移築した拝殿

ワンポイント

世良田東照宮の周辺は歴史公園として整備され、太田市立新田荘歴史資料館がある。館内に世良田東照宮や長楽寺の文化財を展示し、新田荘の歴史がよくわかる。

◉主祭神　東照大権現
◉参拝時間　午前9時～午後4時30分（冬期は4時まで）
◉参拝料　無料、社殿拝観は300円
◉アクセス　**鉄道・バス**／東武鉄道伊勢崎線「世良田駅」より徒歩約20分。**車**／北関東自動車道「伊勢崎IC」より約20分。または関越自動車道「花園IC」より約50分。
◉駐車場　約50台（歴史公園駐車場）

〒370-0426　群馬県太田市世良田町3119-1
TEL.0276-52-2045　http://www.net-you.com/toshogu/

真田《さなだ》神社

不落の城として名高い上田城の神社

徳川の大軍に屈しなかった真田氏

真田神社は、千曲川が流れる信州、上田盆地の上田城跡に鎮座し、歴代の城主、真田氏、仙石氏、松平氏をまつっている。上田城は、徳川の軍を二度も退けた不落の城として有名だ。

戦国時代、東信濃の真田氏は、甲斐の武田氏の家臣として力を蓄え、天正十一（一五八三）年、昌幸《まさゆき》が上田城を築き、居城とした。天正十三（一五八五）年、昌幸は徳川家康軍の攻撃を受ける。しかし、家康は城を落とすことができず、上田城の堅固さと真田武士の気概は天下にとどろいた。慶長五（一六〇〇）年には、中山道を関ケ原に向かう徳川秀忠軍の攻撃を受けたが、昌幸と信繁《のぶしげ》（幸村《ゆきむら》）親子は城に立てこもって防ぎ、落城しなかった。

上田城の歴代城主をまつる

関ヶ原の戦後、上田城は破却されたが、元和八（一六二二）年、仙石氏が入封して城を修築。宝永三（一七〇六）年、仙石氏は但馬《たじま》（現在の兵庫県）出石《いずし》藩の松平氏と国替えになった。

真田神社は、明治になり、旧藩士が松平氏をまつるため、松平神社として建立した。戦後、真田氏、仙石氏もまつるのが望ましいという声を受け、昭和二十八（一九五三）年、歴代城主を合祀。上田神社に改称し、さらにその後、初代城主の名を冠して真田神社に改称した。

色鮮やかな御朱印。社名を墨書し、篆書体で「真田神社埜印」を押してある。右上に真田家の旗印で知られる「六文銭」の紋に勇気を表す「勇」の文字の印。

境内の奥にある上田城の西櫓

ワンポイント

上田城本丸に鎮座するため、見所が多い。真田神社の鳥居前、東虎口櫓門の北櫓側に「真田石」と呼ぶ大石がある。境内の奥には「真田井戸」と「西櫓」がある。

◉祭神　上田城歴代城主
◉参拝時間　午前9時～午後4時30分（冬期は4時まで）
◉参拝料　無料
◉アクセス　**鉄道・バス**／JR北陸新幹線・しなの鉄道「上田駅」より徒歩約17分。**車**／上信越自動車道「上田菅平IC」より約10分。
◉駐車場　約220台（上田城北観光駐車場）

〒386-0026　長野県上田市二の丸1-12
TEL.0268-22-7302　http://sanada-jinja.com/

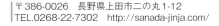

第4章
8

那古寺《なごじ》

房総半島の伝承と歴史を刻む寺

美しい館山湾を望む観音の浄土

房総半島の南西部、館山湾に面した館山市船形《ふながた》には著名な古刹が二寺ある。一つは「崖観音」で知られる船形山大福寺。もう一つは「那古観音」とも呼ばれる補陀洛山《ふだらくさん》那古寺。那古寺の仁王門を入ると、古色のついた阿弥陀堂と多宝塔が並び、大きな観音堂がある。

那古寺は、奈良時代の養老元（七一七）年、諸国を歴遊した高僧、行基《ぎょうき》が訪れ、海から得た霊木で千手観音菩薩像を彫って安置し、創建したと伝える。平安時代には慈覚《じかく》大師円仁《えんにん》が訪れて中興し、石橋山の合戦で敗れた源頼朝は、この地に逃れて再起をはかったともいう。

鎌倉時代には、坂東三十三観音霊場の巡拝が始ま

観音堂、多宝塔が立ち並び古刹の趣がある

り、那古寺は三十三番札所の結願《けちがん》寺として参詣が行われるようになった。室町時代には、安房の領主、里見氏の庇護を受けて隆盛。江戸時代には、景色の優れたこの寺を観音菩薩が住む「補陀洛」の浄土とみなす信仰が起こり、ますますにぎわった。

巡礼が唱えるこの寺の御詠歌は「補陀洛はよそにはあらじ那古の寺　岸打つ波を見るにつけても」。観音堂前に立って振り返ると、館山湾を眺望できるが、元禄の大地震で海底が隆起して海岸線が後退する以前、海はもっと近かったようだ。

本尊の千手観音を表す種子「キリーク」の下に観音堂を意味する「大悲殿」の墨書。宝印の宝珠にも梵字「キリーク」。右上に「坂東三十三番惣納札所」の印。

観音堂の大屋根を支える鬼

ワンポイント

境内が本坊と観音堂の二つのエリアに分かれている。那古寺の本堂にあたる観音堂は、本坊から参道を上り、仁王門を入った奥にある。御朱印は本坊の納経所でいただく。

◉本尊　千手観世音菩薩
◉参拝時間　午前8時～午後5時
◉参拝料　無料
◉アクセス　**鉄道・バス**／JR内房線「那古船形駅」より徒歩約15分。**車**／館山自動車道「富浦IC」より約15分。
◉駐車場　約30台

〒294-0055 千葉県館山市那古1125
TEL.0470-27-2444　https://www.nagoji.com/

第4章
9

大山阿夫利《おおやまあふり》神社

江戸の人々に大人気だった大山詣《おおやまもうで》

古くから信仰されてきた神の山

　平安時代に編纂された『延喜式神名帳《えんぎしきじんみょうちょう》』の相模国（神奈川県の旧国名）に「阿夫利神社」として載る古社。大山は、丹沢山塊の最高峰ではないのだが、三角形の山容が相模原や相模湾からよく目立ち、古来、神の鎮座する神奈備山《かむなびやま》と見なされてきた。別名を「雨降山《あふりやま》」といい、麓の人々にとって雨乞いの山であり、山頂には御神木の「雨降木（あめふりのき）」が、今も生えている。

　大山阿夫利神社は、大山祇大神《おおやまつみのおおかみ》を主祭神とし、高《たか》龗神《おかみのかみ》、大雷神《おおいかづちのかみ》をあわせてまつる。中腹に拝殿の下社があり、山頂に前社、本社、奥社が鎮座する。大山祇大神をまつる本社は、「石尊大権現《せきそん》」と呼ぶ自然石を御神体としているというが、見ることはできな

大山の中腹にある社殿は下社

い。石尊は、神が降り立つ磐座《いわくら》なのであろう。

下社の場所には、神仏混淆の時代、大山寺があった。雨降山《あぶりさん》大山寺は、奈良時代、東大寺を建立した良弁《ろうべん》が開いたと伝え、不動明王を本尊とする。江戸時代、大山詣は商売繁盛や勝負事にも御利益があるとされて人気があった。江戸の人々は大山講を組み、夏、隅田川の両国橋のたもとで水垢離《みずごり》を行って身を清め、「奉納石尊大権現」と書いた木太刀を背負って旅立った。帰路の遊びも楽しみだったようで、その様子は古典落語『大山詣《まい》り』に描かれている。

「大山阿夫利神社」の墨書に「関東総鎮護大山阿夫利神社」の印。右に「関東総鎮護」の書入れ。左下に「阿夫利神社下社之印」。頂上本社の御朱印もいただける。

本社は大山の山頂に鎮座

ワンポイント

下社から本社のある大山山頂まで徒歩約1時間30分。傾斜が急でつらい道だが、一度は登ろう。本社前にあるご神木「雨降木」の根元から相模湾を見下ろせる。

◉主祭神　大山祇大神、高龗神、大雷神
◉参拝時間　午前9時～午後5時　◉参拝料　無料
◉アクセス　**鉄道・バス**／小田急線「伊勢原駅」よりバス約30分、こま参道徒歩約15分「大山ケーブル駅」よりケーブルカー約6分。 **車**／東名高速道路「厚木IC」より約40分。こま参道徒歩約15分の「大山ケーブル駅」よりケーブルカー約6分。
◉駐車場　約120台（伊勢原市営第1・第2駐車場）

〒259-1107　神奈川県伊勢原市大山355
TEL.0463-95-2006　http://www.afuri.or.jp/

第4章 10

筑波山神社《つくばさんじんじゃ》

万葉の時代から人々が集まる名山

本殿は二つの峰の頂上に鎮座

百人一首の陽成院《ようぜいいん》の歌「筑波嶺《つくばね》の峰より落つる男女川《みなのがわ》恋ぞつもりて淵となりぬる」で知らない人はいない筑波山。常陸国《ひたちのくに》（茨城県の旧国名）の名山で、関東平野にそびえてよく目立ち、万葉の時代から数多くの歌に詠まれてきた。古代には、若い男女が集まって歌を詠み踊り求婚する「歌垣《うたがき》」の舞台だった。

『常陸国風土記』には、足柄峠より東の諸国に住む男女は、春の花咲くとき、秋の黄葉のころ、手を取り合い連なって馬や徒歩でこの山に登り、楽しんだことが記されている。筑波山の歌垣で求婚の贈り物をもらわなければ、一人前の男女と見なされなかったようだ。

筑波山の山頂は二つの峰に分かれており、西の峰

筑波山の中腹にある拝殿

を男体山、東の峰を女体山という。筑波山神社は、筑波山を神体とする。中腹に建つ大きな建物は拝殿で、男体山と女体山のそれぞれの頂上に「男体山御本殿」と「女体山御本殿」が鎮座している。

男体山の神は筑波男大神《つくばおのおおかみ》（伊弉諾尊《いざなぎのみこと》）、女体山の神は筑波女大神《つくばめのおおかみ》（伊弉冊尊《いざなみのみこと》）である。伊弉諾尊と伊弉冊尊は婚姻して国産《くにう》みを行ったことから、筑波山神社は、縁結び、夫婦和合、子授け、家内安全、開拓、国家運営、事業繁栄、職場安全、豊作、大漁などの神徳で知られる。

中央に「筑波山神社」の墨書と印。右上に伊弉諾尊（筑波山男大神）と伊弉冊尊（筑波山女大神）による世界の始まり「天地開闢」の印。左下に「筑波山神社参拝印」。

筑波山を詠んだ歌碑が立ち並ぶ

ワンポイント

筑波山には神社から登山道もあるが、ケーブルカーを利用すると楽。男体山のあと女体山に登り、弁慶七戻り経由で歩いて下山すると筑波山の自然に触れられる。

◉主祭神　筑波男大神（伊弉諾尊）、筑波女大神（伊弉冊尊）
◉参拝時間　午前9時～午後4時（土日祝日は4時30分）
◉参拝料　無料
◉アクセス　**鉄道・バス**／つくばエクスプレス「つくば駅」よりバス40分。**車**／常磐自動車道「土浦北IC」より約40分。
◉駐車場　約100台

〒300-4352　茨城県つくば市筑波１番地-1
TEL.029-866-0502　https://www.tsukubasanjinja.jp/

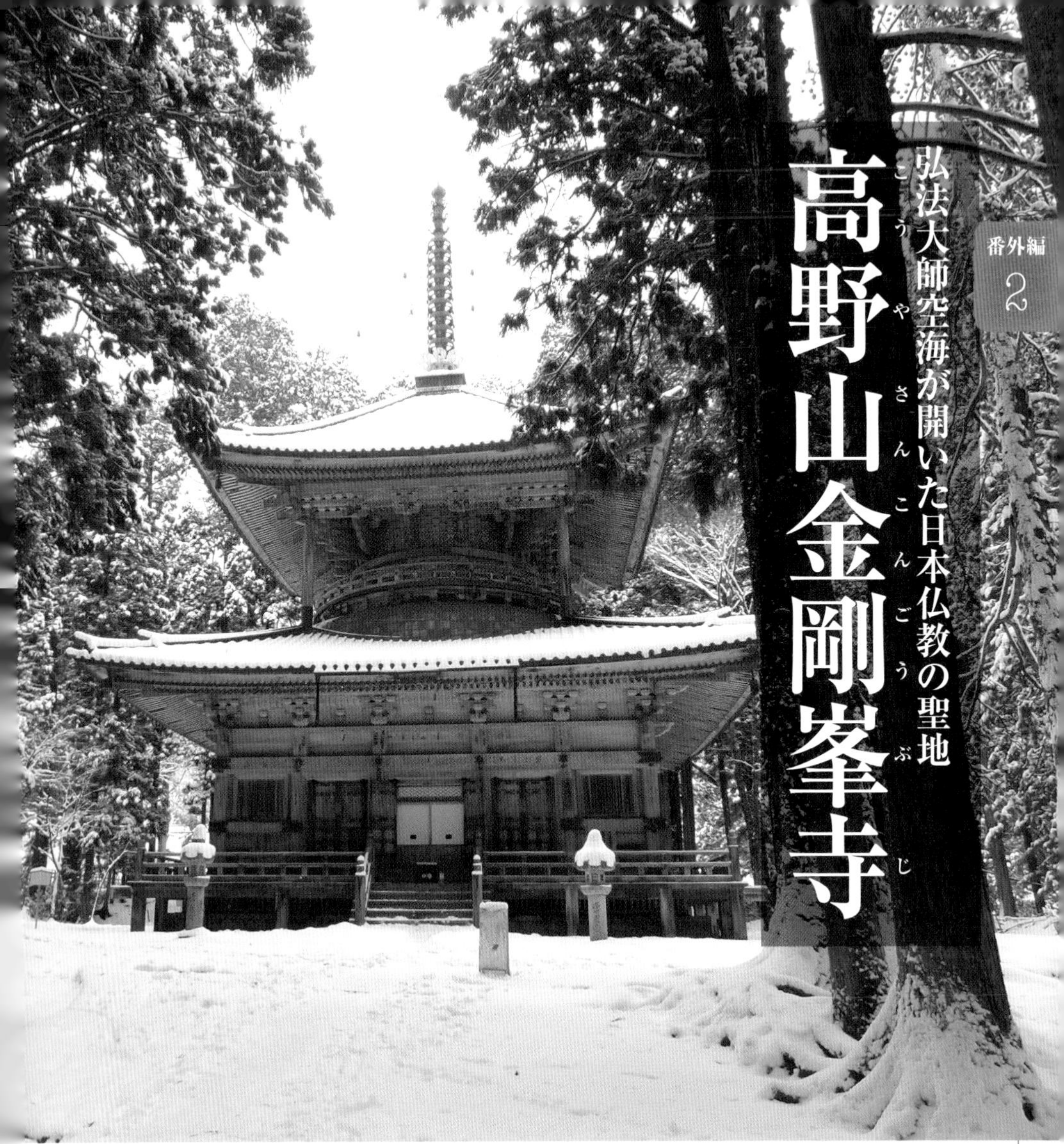

番外編 2

弘法大師空海が開いた日本仏教の聖地

高野山《こうやさん》金剛峯寺《こんごうぶじ》

雪におおわれた壇上伽藍の西塔

◉本尊　薬師如来
◉参拝時間　午前8時30分～午後5時
◉参拝料　500円
◉アクセス　**鉄道・バス**／南海鉄道高野山線「極楽橋駅」で高野山ケーブルに乗り換え、ケーブルカー約5分の「高野山駅」よりバス約15分。
車／京奈和自動車道「かつらぎ西IC」より約40分。
◉駐車場　約700台

〒648-0294　和歌山県伊都郡高野町高野山132
TEL.0736-56-2011（代表）　https://www.koyasan.or.jp/

弘法大師の種子「ユ」と「遍照金剛」を書き、「ユ」を宝珠に入れた宝印を押す。遍照金剛は大日如来であり、空海の号でもある。左下に「高野山金剛峯寺之印」。

堂塔が立ち並ぶ壇上伽藍

「飛行《ひぎょう》の三鈷《さんこ》」の伝説の地

金剛峯寺は、高野山真言宗の総本山。弘仁七(八一六)年、空海が、嵯峨天皇の勅許を得て、開創した。金剛峯寺の名は、空海が密教経典『金剛峯《こんごうぶ》楼閣《ろうかく》一切《いっさい》瑜伽《ゆが》瑜祇経《ゆぎきょう》』から名付けた。

空海が高野山を開くにあたり、不思議な伝承がある。遣唐使として唐に渡った空海が、帰国に際し、船に乗る前に明州の海岸で密教の法具の三《さん》鈷杵《こしょ》を空中に放ると、三鈷杵は日本の方角に飛んで行った。

日本に戻った空海が、密教の道場にふさわしい土地を探して大和国と紀伊国の境辺りまで来たとき、狩人の姿をした狩場《かりば》明神に出会う。空海は狩場明神の導きで、地主神の丹生《にう》明神に会い、高野山を譲られる。空海が高野山に登ってみると、唐で放った三鈷杵が、松の木に掛かっていた。壇上伽藍の御影堂の前の「三鈷の松」が、その木

❶高野山の入口に建つ大門　❷総本山金剛峯寺大主殿　❸壇上伽藍の御影堂と根本大塔　❹弘法大師ゆかりの「三鈷の松」と金堂

であり、三鈷杵は「飛行の三鈷」と呼ばれ、高野山霊宝館が所蔵している。

　高野山は、山上にありながら平坦な不思議な地形をしている。取り巻く山々を蓮華の花弁に見立て、内外八葉の十六峰に囲まれていると表現される。「飛行の三鈷」の話は魅力的だが、若い頃から山野に分け入って修行した空海は、少年の日、既にこの地を知っていたと『性霊集《しょうりょうしゅう》』に納めた空海の遺文には記されている。

ワンポイント

時間と体力が許せば、弘法大師の高野山開山の足跡を訪ねて、「町石道《ちょういしみち》」を歩いてはいかがだろう。丸１日要するが、途中に丹生明神をまつる丹《に》生《う》都《つ》比売《ひめ》神社がある。

第5章

「美しい風景に出会う」御朱印めぐり10社寺

第5章
1

彌《や》彦《ひこ》神社

大地と海を一望する神の山をまつる

弥彦山の麓の森に包まれた社殿

越後平野で最初に朝日が射す山頂

彌彦神社は、越後平野の霊山、弥彦山の東麓に本殿が鎮座し、標高六三四メートルの山頂に御神廟《ごしんびょう》がある。弥彦山は高山ではないが、広大な越後平野の西に位置し、山頂は越後平野で最初に朝日を浴びて輝く。

弥彦山麓の森に囲まれた境内は広く、閑寂で神秘的な雰囲気が漂っている。高い木々が頭上を覆う長い参道をたどって随神門を入ると、突然、空が大きく開ける。

弥彦山の青々とした稜線を背にして建つ社殿は荘厳である。

現在は、彌彦神社と称しているが、平安時代の『延喜式神名帳《えんぎしきじんみょうちょう》』には、越後国の唯一の名神大社「伊《い》夜《や》比《ひ》古《この》神社」として

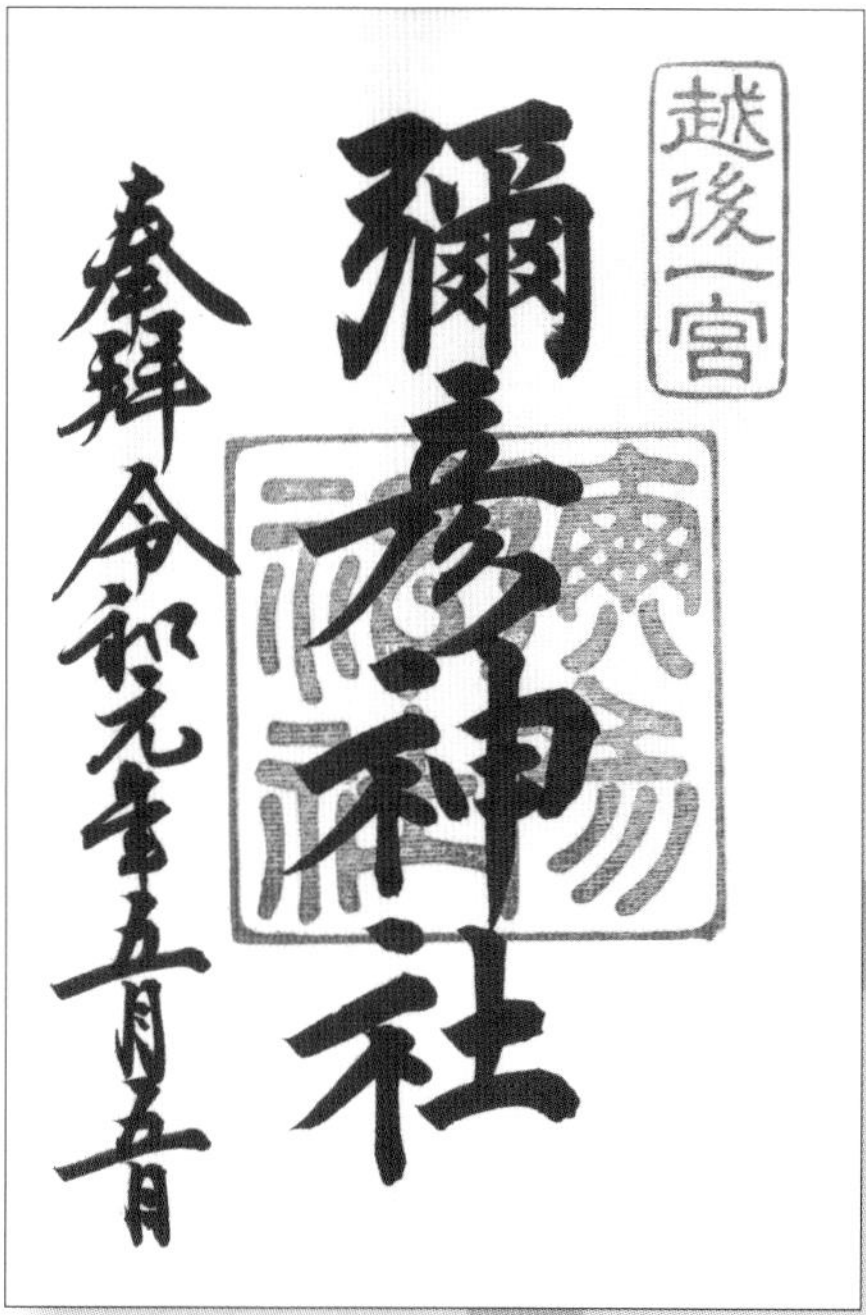

簡潔で品格のある御朱印。中央に社名「彌彦神社」の墨書と社印。弥の字には旧字「彌」を使う。右上に「越後一宮」の印。「奉拝」の文字は左側、元号の上にある。

◉主祭神　天香山命
◉参拝時間　午前8時30分～午後4時
◉参拝料　無料、宝物殿拝観は300円
◉アクセス　**鉄道・バス**／JR弥彦線「弥彦駅」より徒歩約15分。**車**／北陸自動車道「三条燕IC」より約30分。
◉駐車場　約400台

〒959-0393　新潟県西蒲原郡弥彦村弥彦2887-2
TEL.0256-94-2001　http://www.yahiko-jinjya.or.jp/

載っている。昔は「やひこ」ではなく、「いやひこ」と呼んだのだ。今でも祭神は「伊夜日子大神《いやひこのおおかみ》」という。

海を渡って来たとも伝えられる神

伊夜日子大神の名は、『神名帳』よりも前の奈良時代の『万葉集』に既に出ている。

「伊夜彦おのれ神さび青雲《あおくも》のたなびく日すら小雨《こさめ》そほ降る」

「弥彦山は神々しく、青雲たなびく晴れた日でさえ、小雨がしとしと降る」といった内容の歌だ。弥彦山を伊夜彦と呼び、神さびと言っていることから、この辺りには、山を神として崇める信仰が、古くからあったようだ。

西側を日本海に面してそびえる弥彦山には、海から神が来たという言い伝えもある。和銅二(七〇九)年、神の乗った船が越後の米水浦《よねみず》(寺泊野積の海岸)に七日の間浮かび、光明が波を照らし、不思議な香りが空に漂ったため、人々はこれを拝した。その後、着岸し、霊地を尋ねて鎮座したという。

彌彦神社の祭神は中世まで弥彦明神と称したが、

❶表参道に立つ朱塗りの一の鳥居　❷参拝者が列をなす拝殿　❸越後の銘酒が並ぶ奉献酒樽　❹弥彦山の頂上にある御神廟　❺山頂からは眼下に越後平野が広がる　❻弥彦山の西には日本海

近世になり、その神は天香山命《あめのかごやまのみこと》のこととされる。天香山命は高倉下命《たかくらじのみこと》ともいい、神武天皇の東征の際、霊剣「布都御魂《ふつのみたま》」を献上して天皇を助けた。その命が熊野から船に乗って米水浦に来て、製塩や漁法を伝えたという。

弥彦山の頂上の御神廟に登拝すると、東に大地、西に海の絶景が広がり、神と同じ景色を眺めている気分になる。

ワンポイント

御神廟に参拝するには、弥彦山ロープウェイが便利。拝殿わきに山麓駅行きの送迎バス乗り場がある。弥彦山スカイラインを利用して車で行くこともできる。

参拝後はロープウェイで山上に
八海《はっかい》神社

神仏を宿す峻険な山の里宮

越後の上越国境に近い魚沼《うおぬま》地域には名山が多く、駒ケ岳、中ノ岳、八海山は「越後三山」や「魚沼三山」と呼ばれる。標高一七七八メートルの八海山は、三山の中では最も低いが、岩峰の連なる山容が、よく目立つため、古くから信仰の対象とされてきた。

江戸時代になると、寛政四（一七九二）年に木曽《きそ》御嶽山《おんたけさん》の大滝口を開いた普寛《ふかん》行者が、翌々年、越後を訪れて、八海山を開いた。以来、八海山は御嶽山の弟山とされ、関東甲信越から行者が集まった。

神仏混淆の時代、八海山の山中に「八海山大明神」をまつり、岩峰にはそれぞれ「薬師」「地蔵」「大日」といった仏の尊号を付けた。山麓には、遥拝のための里宮がいくつもできた。

八海山の神を遥拝する社殿

里宮の一つ、南魚沼市山口にある八海神社は、普寛行者が開いた「屏風道」の登山口に鎮座する由緒ある神社だ。旧城内村にあるため、城内口八海神社とも呼ばれる。

六日町の駅やインターチェンジから城内口八海神社に来るまでの車窓は、八海山の岩稜が次第に近づき壮観だ。到着した神社から山は見えないが、参拝後、道路を上り詰めるとロープウェイの山麓駅がある。乗車すれば、上越国境を成す三国山脈の山々が眼前に広がる。

中央「八海神社」の墨書に「八海神社御璽」と記した印を押す。「八海山」の文字を添えた火焔宝珠の印が、神仏混淆の山岳信仰の歴史を物語っているようだ。

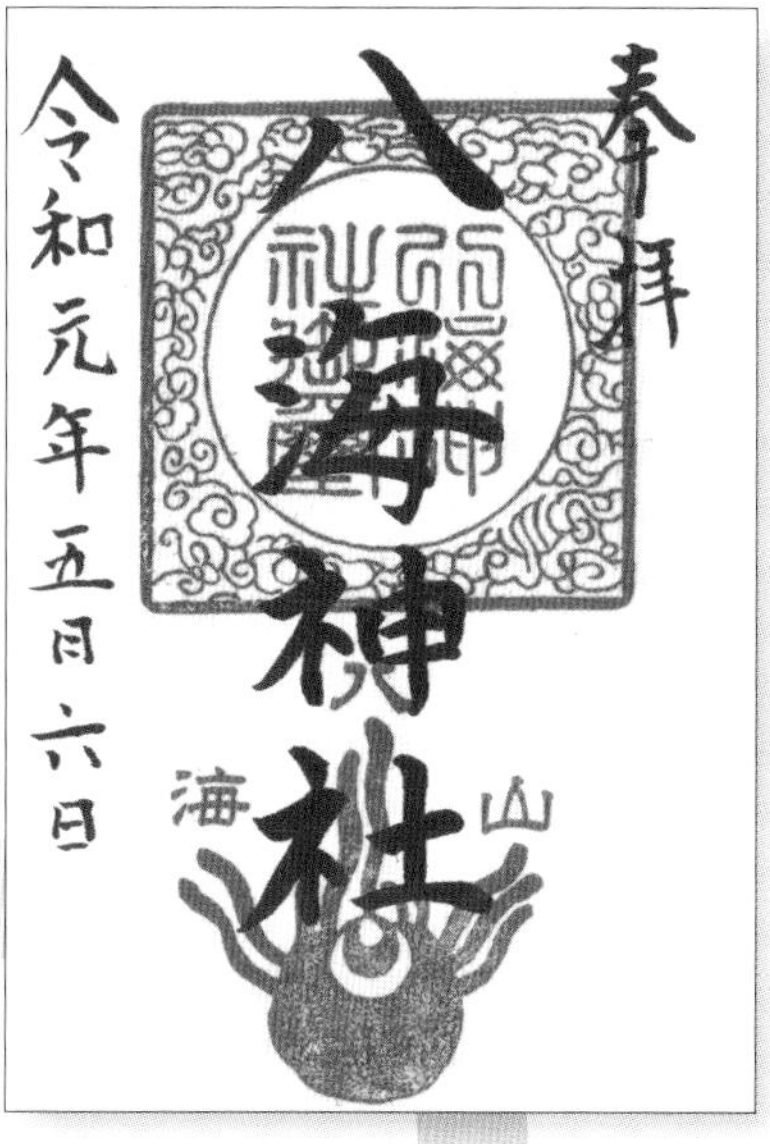

雪が残る５月の八海山

ワンポイント

八海山ロープウェイの山頂駅には展望台と八海山の遥拝所がある。遥拝所には八海山大神の像が立っている。八海山の山頂まで登るには登山の装備と技術が必要。

◉主祭神　国狭槌尊（くにさづちのみこと）、瓊々杵命（ににぎのみこと）、木花咲耶姫命（このはなさくやひめのみこと）
◉参拝時間　午前10時～午後4時
◉参拝料　無料
◉アクセス　**鉄道・バス**／JR上越線「六日町駅」よりバス約25分。
車／関越自動車道「六日町IC」より約30分。
◉駐車場　約10台

〒949-7121　新潟県南魚沼市山口493
TEL.025-775-2693

甲府盆地の彼方に南アルプスを遠望

大善寺《だいぜんじ》

ぶどうを手に持つ薬師如来

甲府盆地の東の端、勝沼の山の斜面にあり、盆地を隔てた西の彼方には残雪の南アルプスが屏風のように連なっている。景色に恵まれているうえに歴史が古く、鎌倉時代に建てた薬師堂は国宝である。堂内に重要文化財の古い仏像が並ぶさまは壮観だ。

奈良時代の養老二（七一八）年、行基《ぎょうき》が甲斐国を訪れて創建し、聖武《しょうむ》天皇から「鎮護国家」の勅額を賜り祈願所だったと伝える。行基は、ぶどうを手に持つ薬師如来を感得して像を刻み、安置したという。薬師如来は一般に手に薬壺《やくこ》を載せているが、大善寺の仏像は、ぶどうを持物《じもつ》とするため「ぶどう薬師」、寺は「ぶどう寺」とも呼ばれる。

戦国時代、武田信玄の死により武田家の家督を継

古刹の風格がただよう山門

いだ勝頼《かつより》は、織田・徳川の連合軍に攻められ、韮崎の新府《しんぷ》城から大月の岩殿城に向かう途中、大善寺で戦勝を祈願している。

幕末、近藤勇《いさみ》の率いる甲陽鎮撫隊《こうようちんぶたい》は、この寺の山門周辺で新政府軍と戦って敗れた。さまざまな歴史の舞台になった寺である。

例年五月、大蛇をかたどった藤の根を御神木に吊るし、それを修験者が切り落としたあと、若者が奪い合う「藤切り祭」が行われる。修験者が今も活躍する祭で貴重だ。

「薬師如来」の尊名の墨書に種子「バイ」の宝珠の印。縁起に基づき「ぶどう寺」の書入れがある。「聖武天皇勅願所」の印と「国宝」の文字が由緒を誇る。

藤切り祭の大蛇をかたどった藤の根

ワンポイント

甲州は昔から果物の産地。江戸時代には、葡萄、梨、桃、柿、栗、林檎《りんご》、柘榴《ざくろ》、胡桃《くるみ》を「甲州八《はっ》珍果《ちんか》」と呼んだ。勝沼には果樹園が多く、参詣の後、果物狩りも楽しい。

◉本尊　薬師如来
◉参拝時間　午前9時～午後4時30分（冬期は4時まで）
◉参拝料　500円
◉アクセス　鉄道・バス／JR中央本線「勝沼ぶどう郷駅」よりタクシー約5分。
車／中央自動車道「勝沼IC」より約5分。
◉駐車場　約40台

〒409-1316　山梨県甲州市勝沼町勝沼3559
TEL.0553-44-0027　http://katsunuma.ne.jp/~daizenji/

赤城《あかぎ》神社

山上の楽園のような湖畔の宮

女性の願いは必ずかなえる湖の神

　関東平野の北に裾野をゆったりと広げる赤城山の上には、カルデラ湖の大沼《おの》がある。麓の人里から隠すように満々と水をたたえている神秘的な湖だ。大沼の東岸には「小鳥ヶ島」と呼んでいるが、小さな半島がある。赤城神社は、まるで社殿が湖面に浮んでいるかのように、その半島に鎮座している。

　大沼の赤城神社は『延喜式神名帳』に載る古社だ。平安時代、大沼南岸に鎮座したときの年号、大同《だいどう》にちなみ、大洞《だいどう》赤城神社ともいう。以来、長くその地にあったが、昭和四十年代に小鳥ヶ島に遷座した。

　赤城山の信仰は、生命や農耕に欠かせない水をもたらしてくれる山への信仰から始まったのだろう。赤城山の周辺には、赤城神社が何社もある。南麓の

山上の湖畔に建つ社殿

森に鎮座する三夜沢《みよさわ》赤城神社も神さびて良い宮だが、景色では山水に恵まれた大洞赤城神社に分がありそうだ。

赤城山の駒ヶ岳の緑を背に朱の欄干の長い橋を渡って鳥居をくぐると、浜辺がそのまま参道で手水舎《てみずや》が建ち、社殿がある。風が吹いて湖が波立てば、水に洗われそうな境内だ。

大沼には女神が住んでいるという言い伝えがある。女性の願いは必ずかなえてくれるありがたい女神だという。

流麗な字で「赤城神社」の墨書と社印。右上「奉拝」に重ねて鎮座地を示す「上野國赤城山頂」の印。左下、日付に重ねて「延喜式内名神大社」の印が押されている。

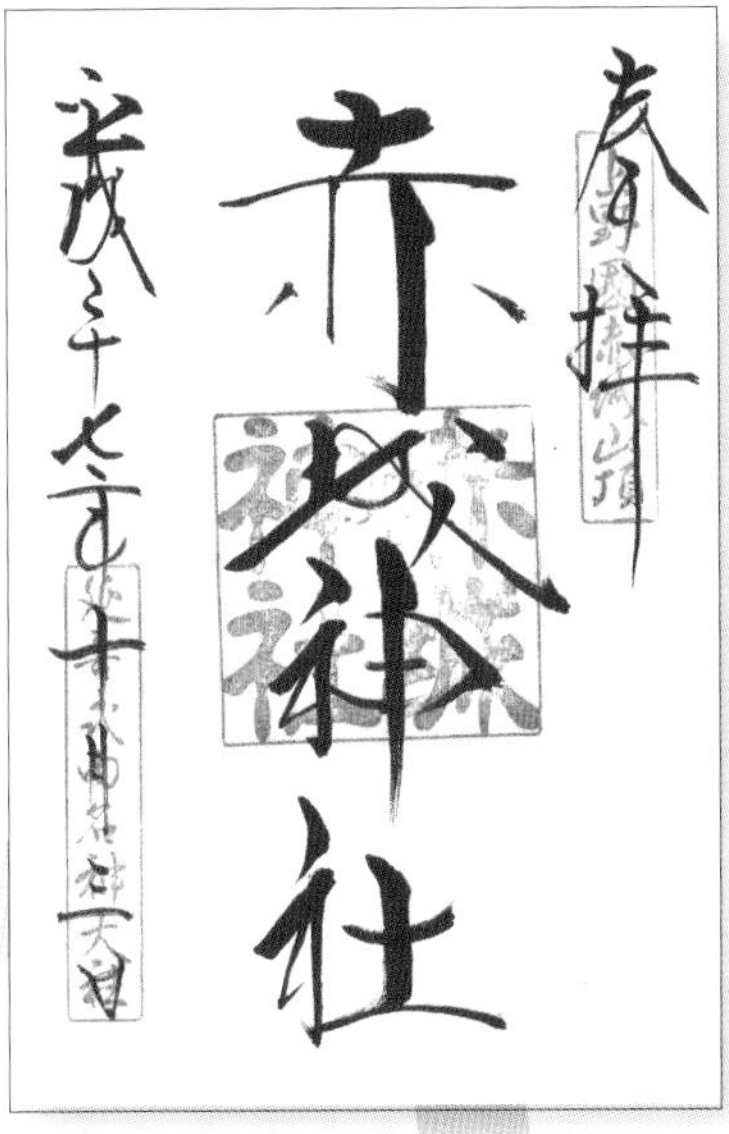

大沼の小鳥ヶ島に鎮座する

ワンポイント

赤城山は登山やハイキングに好適の地。最高峰の黒檜山《くろびさん》は赤城神社から約1時間半の急な登りが続く。気楽に楽しめるのは、ビジターセンターもある覚満淵《かくまんぶち》の散策だ。

◉主祭神　赤城大明神
◉参拝時間　午前9時～午後4時30分（冬期は10時～4時）
◉参拝料　無料
◉アクセス　**鉄道・バス**／JR両毛線「前橋駅」よりバス約1時間10分。**車**／関越自動車道「赤城IC」より約1時間。
◉駐車場　約70台

〒371-0101　群馬県前橋市富士見町赤城山4-2
TEL.027-287-8202　http://akagijinja.jp/

江島神社《えのしま》

太平洋に突き出た神の島

島内に三つの宮、三柱の女神

相模湾の片瀬海岸から弁天橋を通って江の島に渡るときは、いつでも行楽気分が高まり、心がはずむ。江の島は江戸時代から観光地で、当時の案内書『東海道名所図会《ずえ》』には「潮《うしお》の干《ひ》たる時は歩行《かち》にて渡る。潮満ちたる時は船渡しあり。海中にありて形は盆山《ぼんさん》石《せき》の如《ごと》し。日本三弁天の其《その》一箇なり。いわゆる厳島、竹生島、江島の三島なり」とある。

江島神社は、島内に奥津宮、中津宮、辺津宮《へつみや》の三つの宮があり、それぞれ多紀理比売命《たぎりひめのみこと》、市寸島比売命《いちきしまひめのみこと》、田寸津比売命《たぎつひめのみこと》をまつる。天照大神が誓約《うけい》で須佐《すさ》之《の》男命《おのみこと》の剣をかみ砕き、息吹とともに吐き出した際に生まれた女神たちだ。三神そろって江島大神、江島明神である。社殿の大きな辺津宮を参拝後、帰っ

三社からなる江島神社のうち辺津宮

てしまう人は少なくないが、三つの宮に参るとよい。江の島は陸繋島《りくけいとう》だが、言い伝えによると、六世紀の欽明《きんめい》天皇のとき、大地と海が鳴動して天女が降臨し、島ができたという。

平安時代末には、源頼朝の帰依した僧、文覚《もんがく》上人が、江の島に弁才天を勧請したという記録も『吾妻鏡』にある。

奥津宮から山を下ると「稚児《ちご》ケ淵」と呼ぶ海岸に出る。島の西端に位置しており、富士山と夕日を眺める名所として有名だ。

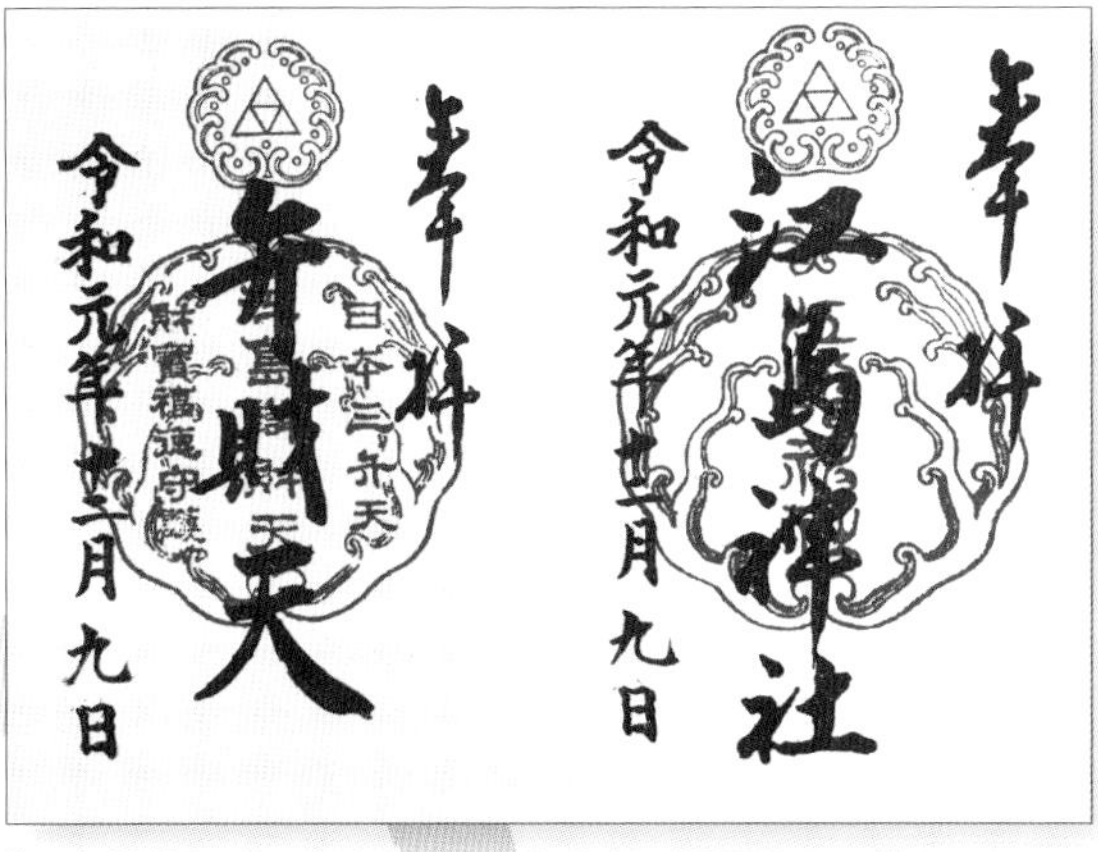

「江島神社」と「江島弁財天」の御朱印が見開きで一体となっている。上部にある「向かい波の中の三つ鱗」は、北条家にちなむ社紋。

奥津宮から稚児ヶ淵まで散策

ワンポイント

「裸弁天」として有名な妙音《みょうおん》弁財天は、八臂《はっぴ》弁財天とともに辺津宮境内の奉安殿にまつられている。奥津宮の拝殿天井の酒井抱一《ほういつ》『八方睨《にら》みの亀』の複製も必見。

◉主祭神　多紀理比売命、市寸島比売命、田寸津比売命
◉参拝時間　午前8時30分～午後5時
◉参拝料　無料、奉安殿は200円
◉アクセス　**鉄道・バス**／小田急電鉄江ノ島線「片瀬江ノ島駅」より徒歩約15分。または江ノ島電鉄「江ノ島駅」より約20分。
車／第三京浜道路「保土ヶ谷IC」より約1時間。または横浜横須賀道路「朝比奈IC」より約40分。 ◉駐車場　約330台（江の島なぎさ駐車場）

〒251-0036　神奈川県藤沢市江の島2-3-8
TEL.0466-22-4020　http://enoshimajinja.or.jp/

第5章
6

寶登山神社《ほどさん》

長瀞《ながとろ》の渓谷美と山頂の眺望を満喫

オオカミが火を消し止めた火止《ほと》山

国指定の名勝「長瀞」に臨む標高四九七メートルの宝登山《ほどさん》に鎮座している。東麓の森の中に美麗な彫刻を施した社殿が建ち、山頂には白木の簡素な奥宮が鎮座する。奥宮の狛犬は精悍な面構えをしており、山犬かニホンオオカミだろう。

「宝が登る」という富裕な山名は、平安時代、宝珠の光が山上を飛ぶという不思議な現象が起きて以降のもので、もとは「火止山」だったという。その山名の由来は、記紀に登場する古代の英雄、日本《やまと》武尊《たけるのみこと》の逸話にさかのぼる。尊《みこと》は東征の折、この地の泉で身を清め、山頂に向かう。尊の一行は、登山中、山火事に襲われた。尊は剣で草木をはらい、猛火と戦うが、火の勢いは強い。そこに大きな犬が現

彩色された彫刻が輝く拝殿

「寶登山神社」の墨書に篆書体の社印。右上の「秩父長瀞」の印と右下の「寶登山」の印が、鎮座地を示す。左の日付に続けて「登拝」と書き、「社務所印」を押す。

れ、火を消し、一行を山頂に導いたという。

日本武尊は、この山の頂に神の宿る処として神籬《ひもろぎ》を立て、第一代の天皇である神日本磐余彦尊《かんやまといわれひこのみこと》（神武天皇）、山の神の大山祇神《おおやまづみのかみ》、火の神の火産霊神《ほむすびのかみ》をまつった。尊を助けた巨犬は、秩父の山中にいたなら、山の神の眷属、オオカミだろう。尊はこの出来事から、ここを「火止山」と名付けたという。

麓の社殿の奥に行くと、日本武尊が登山前にみそぎを行った「玉の泉」がある。眼前にすると、伝説が真実味を帯びてくる。

ワンポイント

宝登山頂上の奥宮へは本殿から歩いて登ってもおよそ1時間だが、宝登山ロープウェイを利用すると楽。山頂は秩父盆地の山々の展望台。春はロウバイの名所。

宝登山から秩父盆地を囲む山々を眺望

◉主祭神　神日本磐余彦尊、大山祇神、火産霊神
◉参拝時間　午前8時30分～午後5時（冬期は4時30分）
◉参拝料　無料
◉アクセス　鉄道・バス／秩父鉄道秩父本線「長瀞駅」より徒歩約10分。
車／関越自動車道「花園IC」より約30分。
◉駐車場　約40台

〒369-1305　埼玉県秩父郡長瀞町長瀞1828
TEL.0494-66-0084　http://www.hodosan-jinja.or.jp/

洲崎《すのさき》神社

竜宮から贈られた「御神石」を海岸に置く

東京湾の出入口の岬に鎮座する古社

房総半島の南西端、洲崎《すのさき》の御手洗《みたらし》山の西斜面に建つ。海を望む社殿は、海原の沖から神が来臨するのを待っているかのようだ。

境内の石碑に、神武天皇のとき、天富命《あめのとみのみこと》が祖母の天比理乃咩命《あめのひりのめのみこと》の鏡を神霊としてまつったことに始まると刻まれている。

天富命は、天照大神を天岩屋から連れ出す際に活躍した天太玉命《あめのふとだまのみこと》の孫。平安時代の歴史書『古語拾遺《こごしゅうい》』には、殖産と祭祀を司り、四国の阿波国を経て東国のこの地に渡り、麻《あさ》がよく育つことから「総《ふさ》（麻の古語）の国」、阿波から「安房」と名付け、祖父の「太玉命の社」を建てたとある。その社が館山市に鎮座する安房神社であり、洲崎神社は太玉命の后《きさき》

洲崎神社前の海岸にある御神石

をまつっている。社殿は小さいが、房総の産業発展の起源にかかわる由緒ある神社だ。

東京湾出入口の浦賀水道に面した岬に鎮座するこの神社は、船乗りや漁民の信仰を集めた。海岸に下りると、竜宮から献上されたと伝えられる「御神石」と呼ぶ巨石がある。対岸の三浦半島の安房口神社には、安房国から飛来したと伝えられている石がある。

古代の東海道は陸路ではなく、浦賀水道を舟で渡った。二つの石は、行き交う船の安全を守護するために置かれたのではないかという。

書置きの御朱印。中央に「洲崎神社」の社名と社印。右側に「安房國一の宮」の印と「奉拝」の文字。安房國は千葉県南部の旧国名。安房一宮は安房神社ともいう。

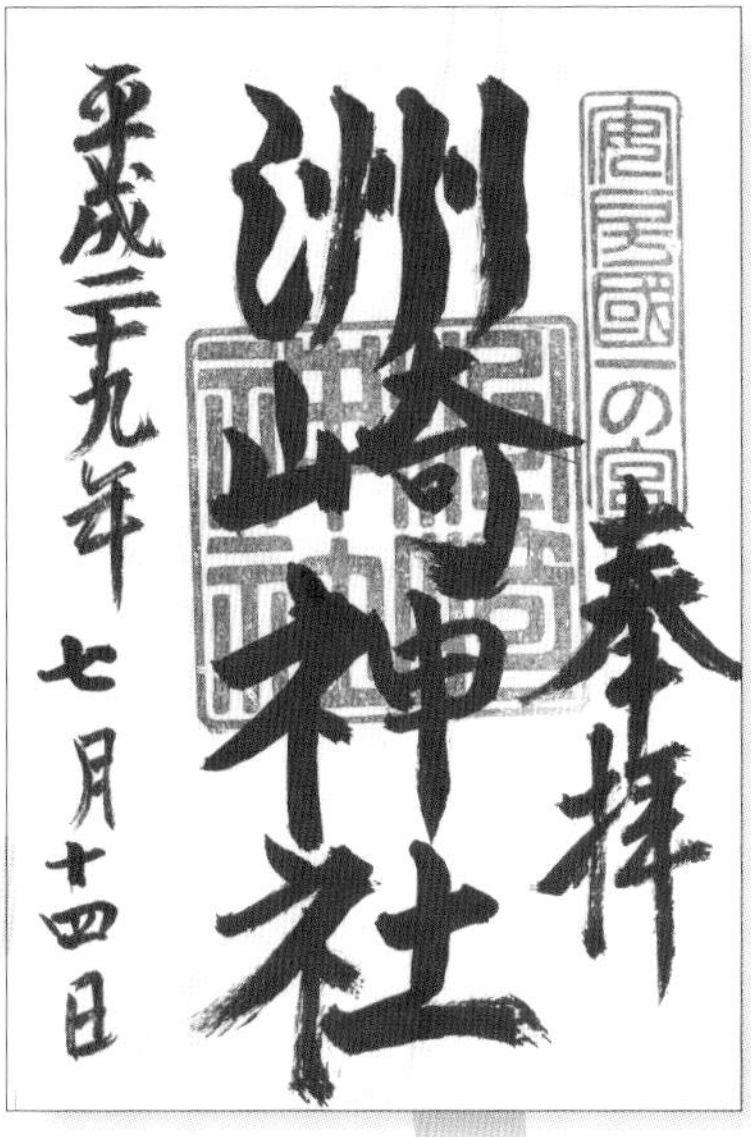

太平洋に突き出した岬に鎮座

ワンポイント

神職が常駐していないため、御朱印は随身門の戸棚から書き置きをいただいて初穂料を納める。「御神石」は海岸に向かって歩き、浜の鳥居をくぐった先にある。

◉主祭神　天比理乃咩命
◉参拝時間　自由
◉参拝料　無料
◉アクセス　**鉄道・バス**／JR内房線「館山駅」よりバス約30分。
車／富津館山道路「富浦IC」より約30分。
◉駐車場　約10台

〒294-0316　千葉県館山市州崎1344
TEL.0470-29-0713　TEL.0470-33-2800（宮司）
http://www.sunosaki.info/

鹽《しお》野《の》神社

日本の神社の原風景のような境内

神さびた境内に楼門造りの社殿

信州上田盆地の塩田平、独鈷山《とっこさん》の北の山裾、前山の集落から少しだけ入った森に鎮座。小さな神社だが、自然と調和した静粛な境内は、「神はこういう場所を好み、住まわれているのだな」と深く感動させるものがある。

里の道に面して社号碑があり、狭い杉並木の参道の奥に白木の両部《りょうぶ》鳥居が立つ。鳥居をくぐると、山から沢が流れ、屋根の付いた神橋が架かっている。渡ると、正面に小ぶりだが、風格のある楼門造りの社殿がある。境内は針葉樹と広葉樹の交じった森に包まれており、濃淡さまざまな緑の葉を透かした日の光が、社殿を照らす。柱や壁は風雨にさらされ、いぶし銀のような光沢を放っている。

鳥居をくぐり、神橋で小川を渡る

参道入口の碑には「式内郷社《しきないごうしゃ》」と刻まれていた。平安時代以前から鎮座していた古社であり、この地域の村々の守り神を意味する。もとは独鈷山の山上に鎮座していたらしい。

楼門造りの拝殿は珍しい。長野県では諏訪大社が有名だが、他ではあまり見かけない。江戸時代中期に地元の大工が建てたという。

境内の一角に岩がいくつもあり、それぞれ祠《ほこら》を載せ神が鎮まる磐座《いわくら》として崇められている。神職は駐在していないが、境内は清らかに維持されている。

中央に「鹽野神社」の墨書と社印。鹽は塩の旧字。社名の上には延喜式内社を意味する「式内」の文字。右上に「梶の葉」の神紋を押す。左下に鎮座地を記した印。

楼門造りの拝殿の奥に本殿

ワンポイント

御朱印は近くの中禅寺の授与所でいただくことができる。中禅寺の薬師堂は長野県最古の建築物という。塩田平には、ほかにも龍光院、前山寺《ぜんさんじ》など古刹が多い。

◉主祭神　須佐之男命（すさのおのみこと）、大己貴命（おおなむちのみこと）、少彦名命（すくなひこなのみこと）
◉参拝時間　自由、中禅寺の授与所は午前9時～午後4時
◉参拝料　無料
◉アクセス　**鉄道・バス**／上田電鉄別所線「塩田町駅」よりバス約12分。**車**／上信越自動車道「上田菅平IC」より約30分。
◉駐車場　約30台（中禅寺の駐車場）

〒386-1436　長野県上田市前山1681
中禅寺は〒386-1436　長野県上田市前山1721　TEL.0268-38-4538

鎌倉大仏殿高徳院《こうとくいん》

大空の下で参拝する露坐《ろざ》の大仏

大仏は東国に政権があった証

鎌倉長谷《はせ》の高徳院の本尊、阿弥陀如来坐像は、「鎌倉の大仏」と呼ばれて親しまれている。仏身の高さは十一・三メートル、台座を含めると十三・三メートル。奈良大仏に比べると四分の三ほどの高さだが、堂内に安置されていない「露坐の大仏」は迫力がある。

鎌倉大仏は、鎌倉時代中期、幕府の支援も受けてはいるが、浄光《じょうこう》という僧が浄財を募る勧進《かんじん》を行い、鋳造した。浄光が最初に造った大仏は木像で、次に金銅仏のこの大仏を造ったという。鎌倉幕府の歴史を記した『吾妻鏡』の建長四（一二五二）年八月十七日に「深沢の里に金銅八丈釈迦如来像を鋳《い》り始め奉る」とあるのが、鎌倉大仏のことだとされている。

大仏は鎌倉時代には堂内に安置されていたが、鎌

青空に映える露座の大仏

倉時代が終わると堂を失う。軍記物語の『太平記』には、幕府滅亡二年後の建武二（一三三五）年、挙兵して鎌倉を占拠していた北条時行《ときゆき》の軍が、八月三日、大風を避けて大仏殿に避難していたところ「棟《むな》木《ぎ》微塵《みじん》に折れて倒れ（略）兵ども五百余人はたちまち打ち殺されける」という惨事の起きたことが記されている。

　鎌倉大仏は、その後も台風や津波の被害に遭ってきたが、現存する。露坐の大仏は、中世の関東地方に政権があった証である。

高徳院の本尊である「阿弥陀如来」の墨書に「鎌倉大佛殿」の印。右は「奉拝」、左は寺院名を書き、寺印を押す。

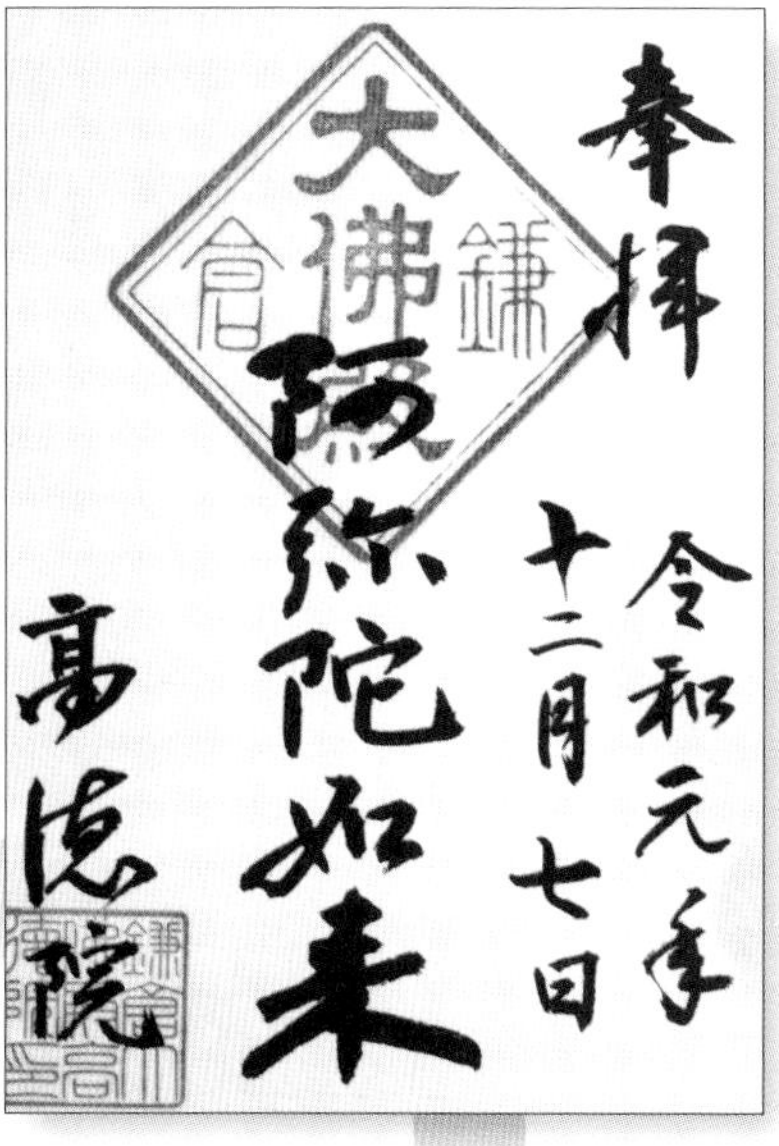

昭和の雰囲気が懐かしい門前

ワンポイント

鎌倉大仏は膝の上で両手のひらを上に向け、人差し指と親指で輪を作り、「弥陀定印《みだじょういん》」や「上品上生印《じょうぼんじょうしょう》」と呼ぶ印を結んでいる。瞑想の境地に入っている姿である。

◉本尊　阿弥陀如来坐像
◉参拝時間　午前8時～午後5時30分（冬期は5時まで）
入場は閉門の15分前まで。
御朱印の受付時間は午前9時～午後3時30分（土日祝は午後3時）
◉参拝料　300円
◉アクセス　**鉄道・バス**／江ノ島電鉄「長谷駅」より徒歩約10分。
車／横浜横須賀道路「朝比奈IC」より約30分。

〒248-0016　神奈川県鎌倉市長谷4-2-28
TEL.0467-22-0703　https://www.kotoku-in.jp/

深大寺《じんだいじ》

東日本最古の国宝仏をまつる

阿弥陀如来に祈り、元三《がんざん》大師に願う

武蔵野の名刹、深大寺は景観に恵まれている。北側は神代植物公園の緑が広がり、南には城跡の丘があり、野川が西から東に流れる。境内には由緒ある堂宇が建ち並び、門前では名物のそばを商う店がにぎわう。周囲に欅《けやき》の巨木がそびえる青渭《あおい》神社や祇園寺といった古社寺も多い。

深大寺の境内は「はけ」と呼ぶ崖線に位置しているため、水が豊富に湧く。境内西側に「深沙大王《じんじゃだいおう》」という水神をまつる堂がある。深大寺の寺名は、その水神の名に由来するという。

奈良時代、福満《ふくまん》という若者が、この土地の娘と恋仲になった。二人を許さなかった父母は娘を湖の島に閉じ込めた。福満が深沙大王に祈ると、水中から

平安時代の高僧良源（元三大師）をまつる元三大師堂

霊亀が現れて背に乗せ、島に渡してくれた。神の加護を知った親は婚姻を許す。そして生まれた子が、満功《まんくう》上人になり、この寺を開いたという。

本堂の本尊は、宝冠阿弥陀如来像。元三大師堂の秘仏・元三大師像は坐像でありながら僧形《そうぎょう》の古像としては日本最大の二メートル近い巨像で、古来厄除など現世利益に大きく寄与してきた。釈迦堂の釈迦如来像は、飛鳥時代の傑作であり、二〇一七年の国宝指定により、都内寺院唯一にして東日本最古の国宝仏誕生となった。

「厄除元三大師」の墨書に種子「キリーク」を記した元三大師の宝印。左上に魔除けの護符で知られる「角大師」の印。左下に「深大寺」と書き、寺印を押す。

深大寺の門前は、そばが名物

ワンポイント

深大寺では本堂本尊「無量寿」、釈迦堂本尊「白鳳佛」、元三大師本尊「元三大師」の御朱印のほかに、毎月17日には深沙大王の書き置きの御朱印もいただける。

◉本尊　宝冠阿弥陀如来像
◉参拝時間　午前9時〜午後5時
◉参拝料　無料、釈迦堂300円
◉アクセス　**鉄道・バス**／京王線「調布駅」よりバス約15分。またはJR中央本線「三鷹駅」よりバス約25分。**車**／中央自動車道「調布IC」より約10分。
◉駐車場　法事・車両祈願のみ有（要予約）。それ以外は近隣の有料駐車場を利用。

〒182-0017　東京都調布市深大寺元町5-15-1
TEL.042-486-5511　https://www.jindaiji.or.jp/

天孫降臨《てんそんこうりん》の山、高千穂峰《たかちほのみね》の麓に鎮座

霧島神宮《きりしまじんぐう》

南国の日差しに映える朱塗の拝殿

◉主祭神　瓊瓊杵尊
◉参拝時間　授与所の受付は午前8時～午後5時30分
祈願受付は午前8時～午後4時30分
◉参拝料　無料
◉アクセス　**鉄道・バス**／JR日豊本線「霧島神宮駅」よりバス約10分。
車／九州自動車道「溝辺鹿児島空港IC」より約40分。
◉駐車場　500台

〒899-4201　鹿児島県霧島市霧島田口2608-5
TEL.0995-57-0001　http://www.kirishimajingu.or.jp/

「霧島神宮」の印を大きく押し、「天孫降臨之地」と墨書。社名の墨書はない。右上に「天壌無窮」の印。天壌無窮は、天地とともに永遠に続くことを意味する。

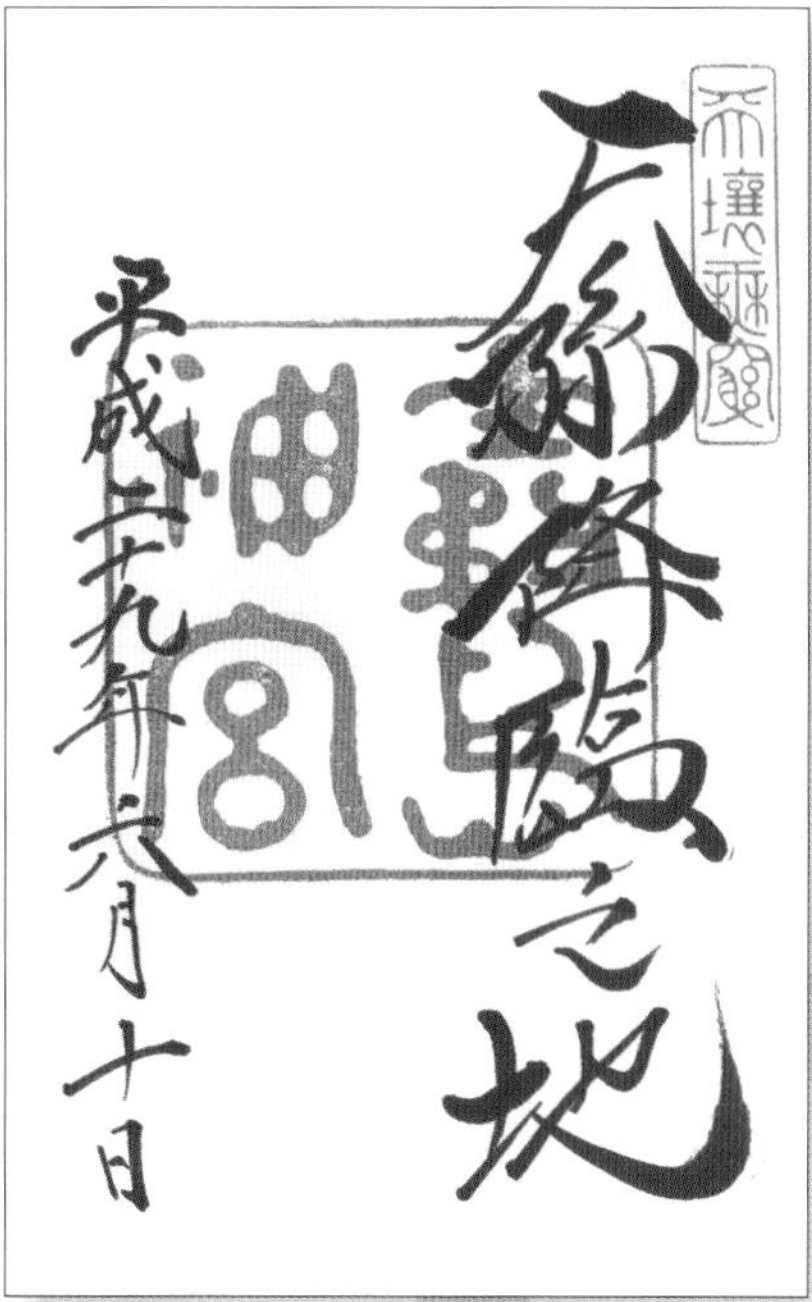

三の鳥居をくぐり、本殿を目指す

山頂には「天《あま》の逆鉾《さかほこ》」

天照大神《あまてらすおおみかみ》の孫で天皇の祖先神にあたる瓊瓊杵尊《ににぎのみこと》が天降《あまくだ》った場所については、諸説あるが、『日本書紀』には「日向襲《ひむかそ》の高千穂峰」、『古事記』には「日向の高千穂の久士布流多気《くしふるたけ》」とあり、霧島山の高千穂峰が有力だ。山頂に登ると、山々と海と平野を見渡す絶景が広がり、国を治める神が降り立つにふさわしい場所だという印象を受ける。

霧島神宮は、瓊瓊杵尊を祭神とし、后《きさき》の木花開耶姫尊《このはなさくやひめのみこと》、子の彦火火出見尊《ひこほほでみのみこと》（山幸彦）などを相殿にまつる。

緑濃い森の参道の奥に建つ朱塗りの社殿は、南国の日差しに輝き、極めて美しい。古代には、高千穂峰の直下「御鉢」と呼ぶ火口近く脊門丘《せとお》に鎮座していたというが、噴火のため、中腹の高千穂河原に遷座する。その社も鎌倉時代の文暦元（一二三四）年の噴火で焼失。下って室町時代の文明十六

❶境内に立ち並ぶ壮麗な社殿　❷高千穂河原の古宮址　❸高千穂峰の直下にある元宮　❹霧島は坂本龍馬とおりょうの新婚旅行の地

（一四八四）年、薩摩の守護大名、島津忠昌《ただまさ》が、僧の兼慶《けんけい》に命じて、現在地に再興した。現在、私たちが見る絢爛な社殿は、江戸時代中期、薩摩藩主の島津吉貴《よしたか》が建てた。

体力、気力があれば、登山の備えをして訪れ、参拝の後、高千穂河原から高千穂峰に登ると良い。山頂には「天の逆鉾」がある。五月から六月は、ミヤマキリシマの花が咲く。

ワンポイント

祭神は三種の神器をもたらした瓊瓊杵尊。「天孫降臨之地」と記された御朱印をいただくと、神話とされる出来事が現実味を帯び、神々の存在を身近に感じられる。

第6章

「人生の意義を悟る」御朱印めぐり10社寺

第6章 1

恵林寺《えりんじ》

「心頭滅却《しんとうめっきゃく》すれば火も自《おのずか》ら涼し」の舞台

山門に「滅却心頭火自涼」の言葉

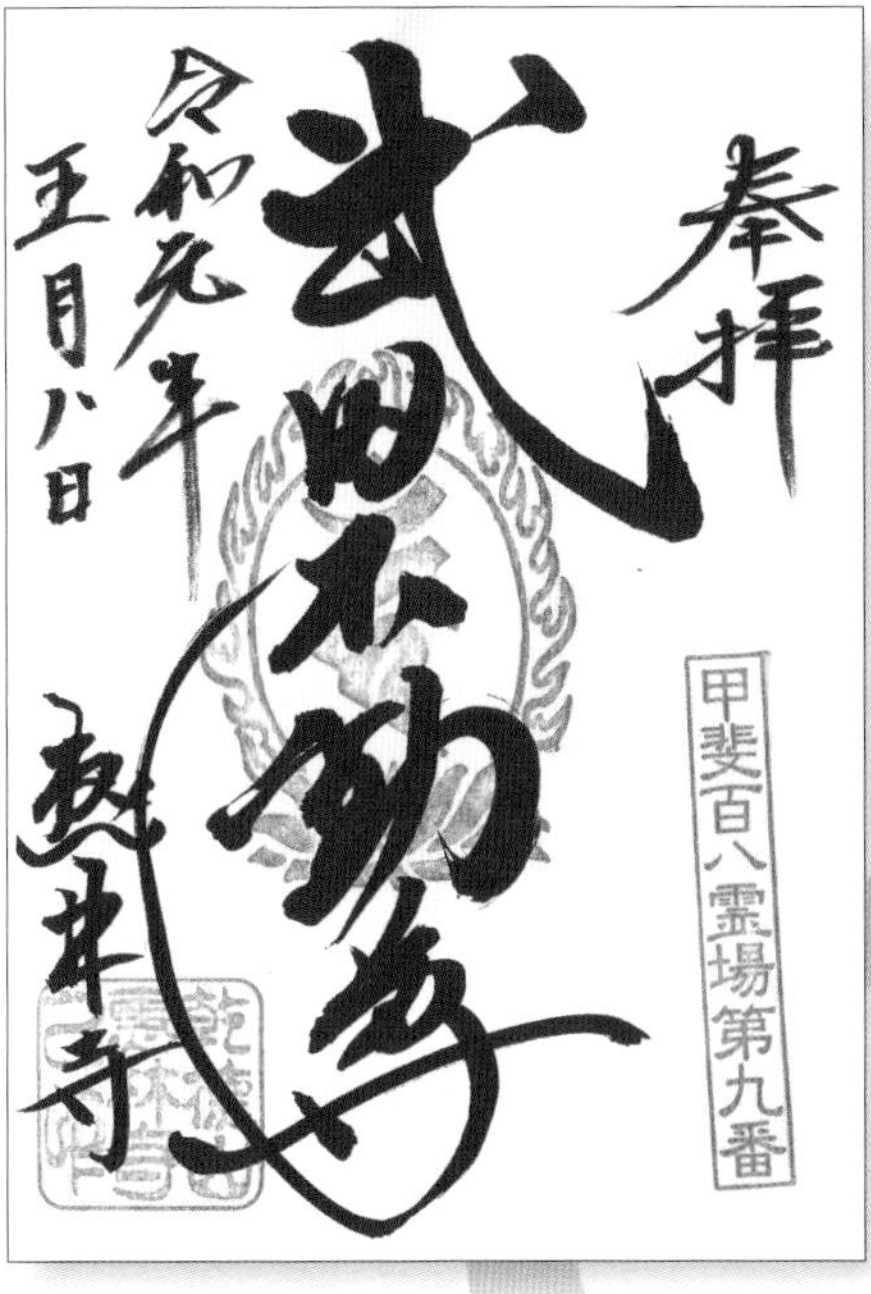

不動明王の種子「カーン」の火焔に包まれた宝珠の宝印を押し、「武田不動尊」と墨書。右下に甲斐の霊場巡りの札所番号。左下に寺号と「乾徳山恵林寺之印」。

炎のなかで快川《かいせん》和尚が唱えた言葉

山梨県甲州市塩山にある乾徳山《けんとくさん》恵林寺の三門には、快川和尚の有名な辞世の言葉「安禅不必須山水、滅却心頭火自涼」が掲げられている。読み下せば、「安禅《あんぜん》必ずしも山水を須《もち》いず、心頭滅却すれば火も自ら涼し」となる。

戦国時代の天正十（一五八二）年、織田徳川の連合軍により武田家は滅亡。織田軍は恵林寺に逃げ込んだ敗将の引き渡しを要求するが、寺は拒否したため焼き討ちにあった。快川和尚は炎に包まれ山門の上で泰然自若として、この言葉を唱え、火《か》定《じょう》したという。

快川和尚の遺偈《いげ》は「心安らかな座禅は山や水のある静かな風景がなければできないというもので

◉本尊　釈迦如来
◉参拝時間　午前8時30分～午後4時30分（冬期は4時まで）
信玄公宝物館は午前9時～午後5時（12月～3月木曜休）
◉参拝料　300円、信玄公宝物館500円、共通券700円
◉アクセス　**鉄道・バス**／JR中央本線「塩山駅」よりバス約15分。
車／中央自動車道「勝沼IC」より約20分。
◉駐車場　約50台

〒404-0053　山梨県甲州市塩山小屋敷2280
TEL.0553-33-3011　https://erinji.jp/

はない。心を無にすれば、火でさえも涼しく感じられるものだ」という意味だ。後半の「心頭滅却すれば火も自ら涼し」は、「どんな苦難も、それを超越した境地に至れば、何でもない」と言いたいときの慣用句として、その後、広く使われている。

甲斐に招かれた名僧、夢窓《むそう》と快川

恵林寺は、鎌倉時代末、この地の領主が臨済宗の高僧、夢窓疎石《そせき》を鎌倉から招いて自宅を禅院にしたことに始まる。疎石は、恵林寺を開くにあたり、寺の北にそびえる乾徳山の岩場でひと夏修行したという。本堂の裏には、疎石の作った庭園が現存する。

戦国時代、甲斐の大名、武田信玄は名僧の快川紹喜《じょうき》を美濃から招き、恵林寺を菩提寺にした。天正元（一五七三）年、信玄が病死すると、遺言により死は三年間秘匿されたのち、快川が道師を務め葬儀を行った。

織田軍による焼き討ちのあと、恵林寺は徳川家康によって復興され、江戸時代、甲府城主の庇護を受け、寺観が整った。

❶「雑華世界」の扁額を掲げる黒門 ❷壮大で美しい建物は庫裡 ❸夢窓疎石や快川和尚の像をまつる開山堂 ❹快川和尚の有名な辞世の言葉 ❺本堂の奥にある枯山水の庭 ❻夢窓疎石が作った庭を見る

快川和尚の遺偈は、唐の詩人、杜荀鶴《とじゅんかく》の詩句が禅宗で重んじられる公案集『碧巌録《へきがんろく》』に取り込まれ、それを引用したとされる。また、炎上する山門で唱えたという逸話は創作であるともいう。とはいえ、困難に直面した際、この言葉を念頭に置いて毅然とした態度で信念を貫き、その結果、窮地を脱した人は少なくないはずである。

ワンポイント

境内にある信玄公宝物館は、武田信玄の肖像画、信玄愛用と伝わる軍配団扇、「風林火山」の軍旗などを展示している。武田信玄と戦国時代に関心がある人は必見。

善光寺《ぜんこうじ》

牛にひかれた心持で一度は参詣

日本最古と伝わる秘仏の本尊

「牛にひかれて善光寺参り」や「一生に一度は善光寺参り」の文句で、昔から宗派を問わず、多くの人々に親しまれてきた善光寺。秘仏の本尊は、日本に最初に伝来した仏像と伝えられている。仏教公伝は六世紀半ばのこと。『日本書紀』によると、百済の聖明王《せいめいおう》から欽明《きんめい》天皇に「釈迦仏の金銅像一軀《く》」や経典が献上された。その仏像は、仏教に反対した物《もの》部《のべ》氏によって難波《なにわ》の堀江に捨てられてしまう。

善光寺の縁起では、信濃国の本田善光《よしみつ》という者が、難波の堀江を通りかかると「善光、善光」と呼ぶ声とともに尊像が姿を現した。善光は仏像を背負って帰り、我が家にまつる。次第に人の知るところとなり、皇極天皇三（六四四）年、伽藍が創建され、「善

参拝者でにぎわう本堂©善光寺

光寺」と名付けられた。

「牛にひかれて善光寺参り」は、思いがけないことが縁になって、良い方向に導かれることのたとえ。

このことわざには、もとになった説話がある。

信濃に信仰心のない老婆がいた。ある日、布を干しておいたところ、一頭の牛が角に引っ掛けて走り出す。牛を追いかけて、初めて善光寺の境内に入った老婆は、菩提心を起こし、その後、たびたび参詣するようになった。

何が幸いするか、わからないものである。


格調高く堂々と「善光寺」と墨書し、「善光寺本堂」の印を押す。右上は「奉拝」に山号「定額山」の印。左下の「堂司」と「奉行」は寺を管理する僧職のこと。

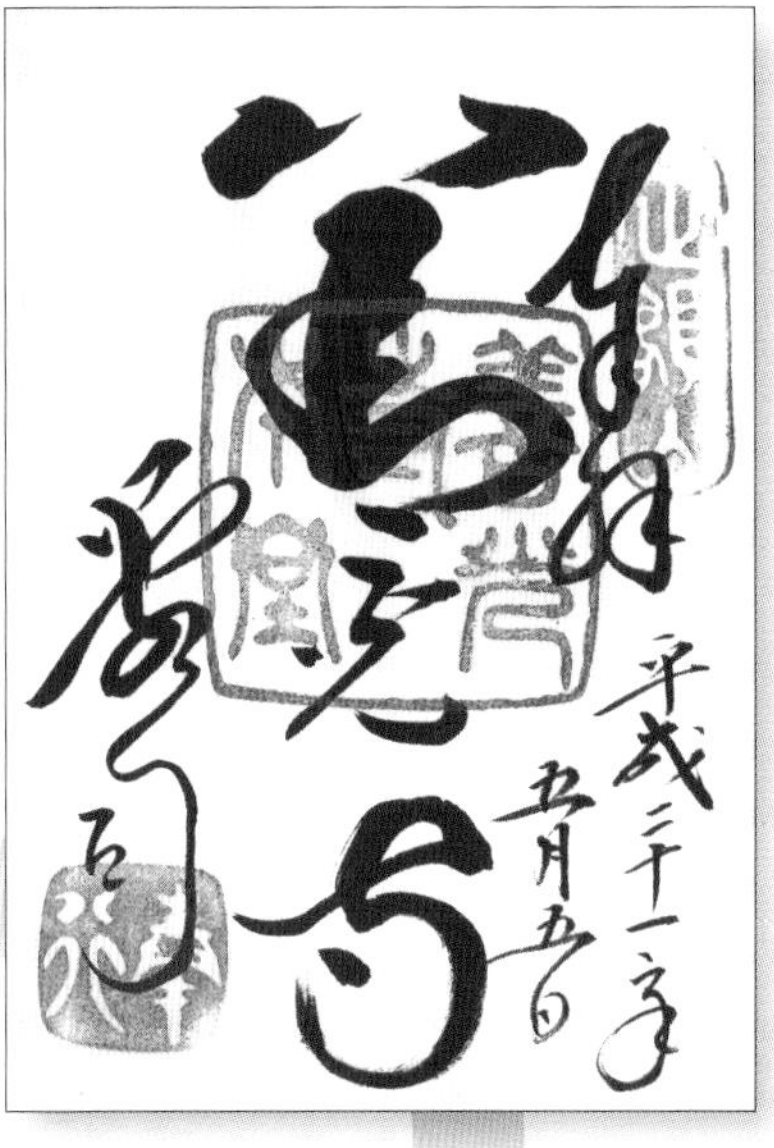

江戸時代中期建立の巨大な山門Ⓒ善光寺

ワンポイント

善光寺の御朱印は種類が豊富。よく知られている御詠歌「身はここに心は信濃の善光寺 導きたまへ弥陀の浄土へ」を書いた御朱印もいただくことができる。

◉本尊　一光三尊阿弥陀如来像
◉参拝時間　境内は終日参拝。本堂の参拝時間は季節により変動。
◉参拝料　内陣拝観500円
◉アクセス　**鉄道・バス**／JR北陸新幹線・信越本線「長野駅」よりバス約15分。
車／上信越自動車道「長野IC」より約30分。
◉駐車場　約400台

〒380-0851　長野県長野市大字長野元善町491-イ
TEL.026-234-3591　https://www.zenkoji.jp/

少林山達磨《だるま》寺《じ》

「七転び八起き」の不屈の精神を磨く

「面壁九年《めんぺきくねん》」で禅宗の始祖になった達磨大師

第6章 3

上州の名物「縁起のだるま」発祥の寺。「北辰鎮《ほくしんちん》宅霊符尊《たくれいふそん》」をまつる霊符堂には、開運、合格などの願いが成就しただるまがうず高く納められている。

奈良時代の高僧、行基《ぎょうき》の作と伝わる観音菩薩像をまつった庵が、この地にあった。江戸時代、達磨大師のお告げを受けた一了《いちりょう》居士が、碓氷《うすい》川の氾濫で流れついた光輝く香木で達磨大師坐像を彫り安置。やがて「達磨大師出現の霊地少林山」として信仰されるようになる。

前橋藩主酒井忠挙《ただたか》は、前橋城の裏鬼門を護る祈願寺として、水戸光圀《みつくに》の帰依した心越《しんえつ》禅師を開山とし、ここに達磨寺を開創した。正月七日午前二時は御本尊が降臨される星祭祈祷の縁日で、六日の晩から参

霊符堂に奉納された達磨

拝者で賑う「七草大祭」は三百二十年以上続く寺の伝統行事。天明の大飢饉のとき、東嶽《とうがく》和尚は飢饉で苦しむ農民救済のため、心越禅師の描いた「一筆達磨札」をもとに木型を彫り、赤い張り子のだるまの作り方を伝授し、この縁日で売り始めた。その後、「縁起だるまの少林山」と親しまれている。

縁起だるまの元になっている達磨大師は、実在の人物で菩提達磨《ぼだいだるま》という。中国の嵩山《すうざん》少林寺で九年間も壁に向かって坐禅し、禅宗の初祖になった。縁起だるまは「面壁九年」の坐禅する姿を表している。

「佛法僧寶」の三宝印を押し、「達磨大師」と墨書。右上の「奉拝」に重ねて、究極の真理を意味する「第一義」の印。左は「上州高崎古檗禅刹少林寺」とあり、寺印。

中国門の牌楼様式の惣門

ワンポイント

だるまに願掛けをするときは、向かって右眼に願いを込めて墨を入れる。その願いがかなったときは、感謝の気持ちを込めて向かって左眼を入れる。

◉本尊　北辰鎮宅霊符尊、観音菩薩、達磨大師
◉参拝時間　午前8時30分～午後5時
◉参拝料　無料
◉アクセス　**鉄道・バス**／JR高崎線「高崎駅」よりタクシー約12分。JR信越本線「群馬八幡駅」よりタクシー約5分、または徒歩約18分。
車／関越自動車道「前橋IC」「高崎IC」上信越自動車道「藤岡IC」より約25分。
◉駐車場　200台

〒370-0868　群馬県高崎市鼻高町296
TEL.027-322-8800　http://www.daruma.or.jp/

第6章
4

富岡八幡宮《とみおかはちまんぐう》

五十歳から全国四万キロを歩いた伊能忠敬《いのうただたか》

測量の旅の前には必ず参拝

寛永四（一六二七）年、当時永代島と呼ばれた小島に創祀。以来徳川将軍家から庶民に至るまで信仰篤く「深川の八幡さま」として親しまれ、周辺は江戸随一の門前町としても栄えた。八月に行う「深川八幡祭り」は江戸三大祭りのひとつに数えられる。

歴史好きにとって境内で見逃せないものが、大鳥居のそばに立つ「伊能忠敬像」だ。

伊能忠敬は、江戸時代中期の延享二（一七四五）年上総国《かずさのくに》（現千葉県）に生まれた。佐原村（現香取市）の商家の養子になり、酒造業や米の取引など家業に熱心に取り組み、名主なども務めて人々のために尽くした。しかし、寛政七（一七九五）年、五十歳で家督を子に譲り、江戸に出ることを決意。深川に住

歩いて日本地図を作った伊能忠敬の像

み、天文・暦学を学ぶ。測量に興味を持ち、五十五歳の時に行った陸奥（東北地方）と蝦夷地（北海道）の測量旅行を皮切りに、七十一歳まで十回にわたり全国を測量、約四万キロを歩いた。忠敬は旅に出る前、必ず氏神である富岡八幡宮に参拝したという。

　忠敬が作成した日本地図『大日本沿海輿地《よち》全図』の正確さは、西洋諸国を驚かせるとともに明治以降の日本地図の基本となった。五十歳から新たな生き方を始め、成果を上げた伊能忠敬には、驚嘆するばかりだ。

「富岡八幡宮」の墨書、社印に「元准勅祭十社之内」と「宮神輿」の印を添える。准勅祭社は、明治天皇が東京の鎮護と万民の平安を祈願されていた東京の神社。

深川八幡とも呼び、深川八幡祭りで有名

ワンポイント

富岡八幡宮は江戸勧進相撲（今日の大相撲の前身）発祥の神社であり、境内には歴代横綱の名が刻まれた「横綱力士碑」をはじめ大相撲ゆかりの石碑が多数ある。

◉主祭神　応神天皇（誉田別命（ほむたわけのみこと））
◉参拝時間　午前9時～午後5時
◉参拝料　無料
◉アクセス　**鉄道・バス**／地下鉄東西線・大江戸線「門前仲町駅」より徒歩約5分。
車／首都高速道路「箱崎IC」より約10分。
◉駐車場　約30台

〒135-0047　東京都江東区富岡1-20-3
TEL.03-3642-1315　http://www.tomiokahachimangu.or.jp/

現代に通じる偉人、二宮尊徳《そんとく》をまつる

報徳二宮《ほうとくにのみや》神社

時代に先駆けた尊徳の報徳仕法《しほう》

二宮尊徳翁をまつるため、明治に創建された神社。尊徳は薪を背負って本を読む金次郎の像から苦学した少年の印象が強いが、長じてからは農業・経済政策の専門家であり、農家や藩の復興支援と財政再建に尽力した。

尊徳が提唱した思想を「報徳仕法」という。報徳仕法は「至誠」「勤労」「分度《ぶんど》」「推譲《すいじょう》」の四つを基本原理としている。分度は自分の経済的な力をわきまえ、それに応じた生活を計画的に行うことである。推譲は収入の一部を将来や子孫のために貯えるだけでなく、再建に取り組む人々に貸し与えることである。尊徳は江戸時代の人だが、その思想は現代の社会にも通じるものがある。

表参道の大鳥居

尊徳は、相模国栢山《かやま》村（現小田原市栢山）の農家に生まれた。両親を亡くして伯父に育てられ、小さなことを積み重ねて大となす「積小為大《せきしょういだい》」を体得。自家の再興を誓い、努力の末に成し遂げる。やがて村の振興に取り組み、その評判を聞いた小田原藩の殿様から藩の財政再建を任される。

尊徳の活動は高く評価され、後半生は下野国《しもつけのくに》（現栃木県）の旗本領や幕府領の再建に取り組み、七十歳で没するまで職務に専念した。尊徳をまつる神社に参り、人としての生き方を学びたい。

「報徳」の印と「相模國報徳二宮神社」の印を押し、「報徳二宮神社」と墨書。右上に「小田原城内鎮座」の書入れ。「報徳」は祭神の二宮尊徳が提唱した教え。

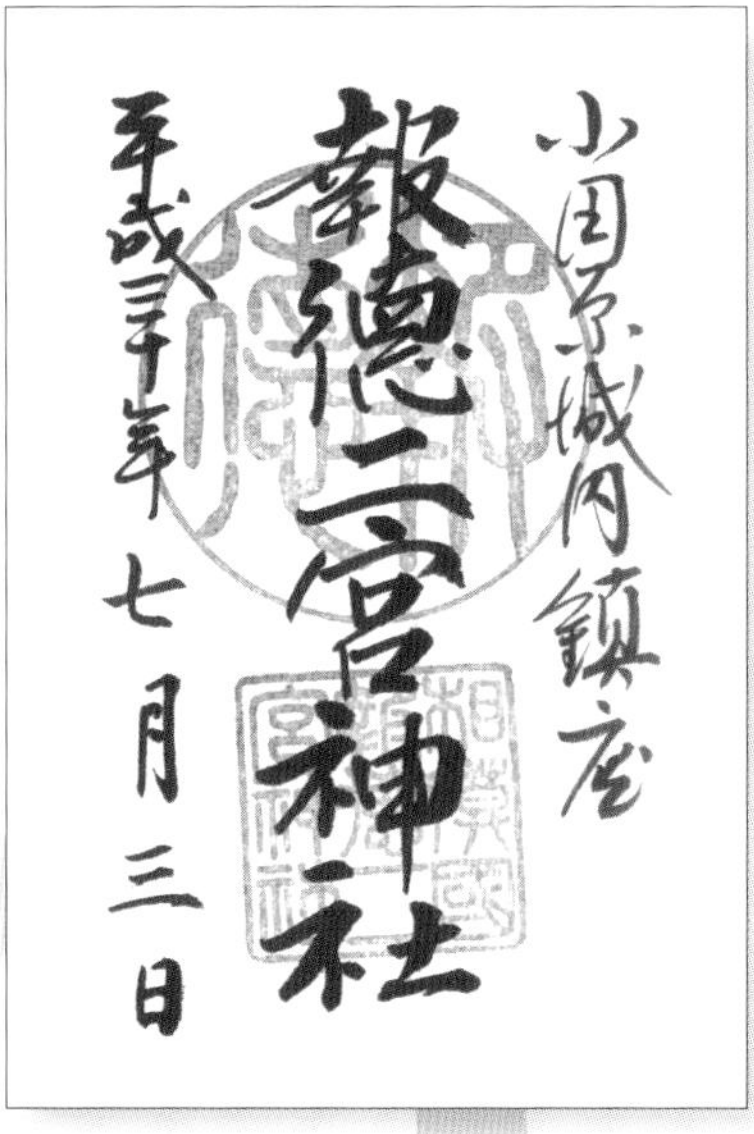

境内に立つ二宮尊徳翁之像

ワンポイント

二宮尊徳の思想や生涯を知るには、神社近くの「報徳博物館」や小田原市栢山にある「小田原市尊徳記念館」がおすすめ。尊徳記念館には生家も復元されている。

◉主祭神　二宮尊徳翁
◉参拝時間　午前9時〜午後5時
◉参拝料　無料
◉アクセス　**鉄道・バス**／JR東海道本線・小田急電鉄小田原線「小田原駅」東口より徒歩約15分。**車**／西湘バイパス「小田原IC」より約5分。または小田原厚木道路「荻窪IC」より約5分。
◉駐車場　18台（有料）

〒250-0014　神奈川県小田原市城内8-10
TEL.0465-22-2250　https://www.ninomiya.or.jp/

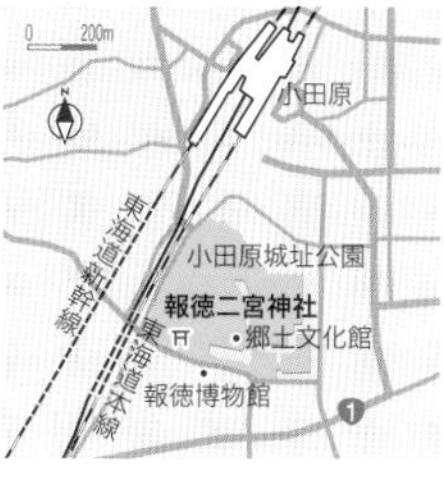

第6章
6

円覚寺《えんがくじ》

夏目漱石が参禅した鎌倉の名刹

元寇の兵を敵味方なくとむらう

円覚寺は、蒙古襲来で犠牲になった兵の霊を慰めるため、弘安五（一二八二）年、鎌倉幕府執権の北条時宗《ときむね》が、宋から招いた高僧で建長寺の住持、無学《むがく》祖元《そげん》を開山として開基した。

北条氏により鎌倉の大刹として七堂伽藍が整い、室町時代には足利氏が篤く信仰した。総門、三門、仏殿、方丈が、谷の手前から奥に向かって立ち並び、山の斜面に鐘楼がある。「妙香池《みょうこうち》」と名付けた池の崖を「虎頭岩《ごとうがん》」と呼ぶなど、自然を巧みに取り入れた境内には、簡素な美しさと静けさが満ちている。

明治半ば、二十七歳の夏目漱石が、円覚寺の塔《たっ》頭《ちゅう》、帰源院を訪れている。作家になる以前の若き日の漱石で、前年、帝国大学英文科を卒業した東京高

本尊をまつる仏殿

等師範学校の英語教師だ。その経験が、のちに『門』を書くときに生きる。

主人公の宗助は「安心とか立命とかいふ境地に、坐禅の力で達する事が出来るならば」と思い、勤めを休み、鎌倉にやってきた。十日後、宗助は山門を出る。「彼は門を通る人ではなかった。又、門を通らないで済む人でもなかった。要するに、彼は門の下に立ち竦《すく》んで、日の暮れるのを待つべき不幸な人であった」と漱石は書いた。いつまでも待つだけで、門の中に入ることのできない私たちと同じだ。

堂々とした御朱印。中央に宝印を押し、本尊の尊名「寶冠釋迦如来」を墨書。右上は山号「瑞鹿山」の印に「奉拝」、左下は「圓覚」の寺印に「大本山圓覚寺」と記す。

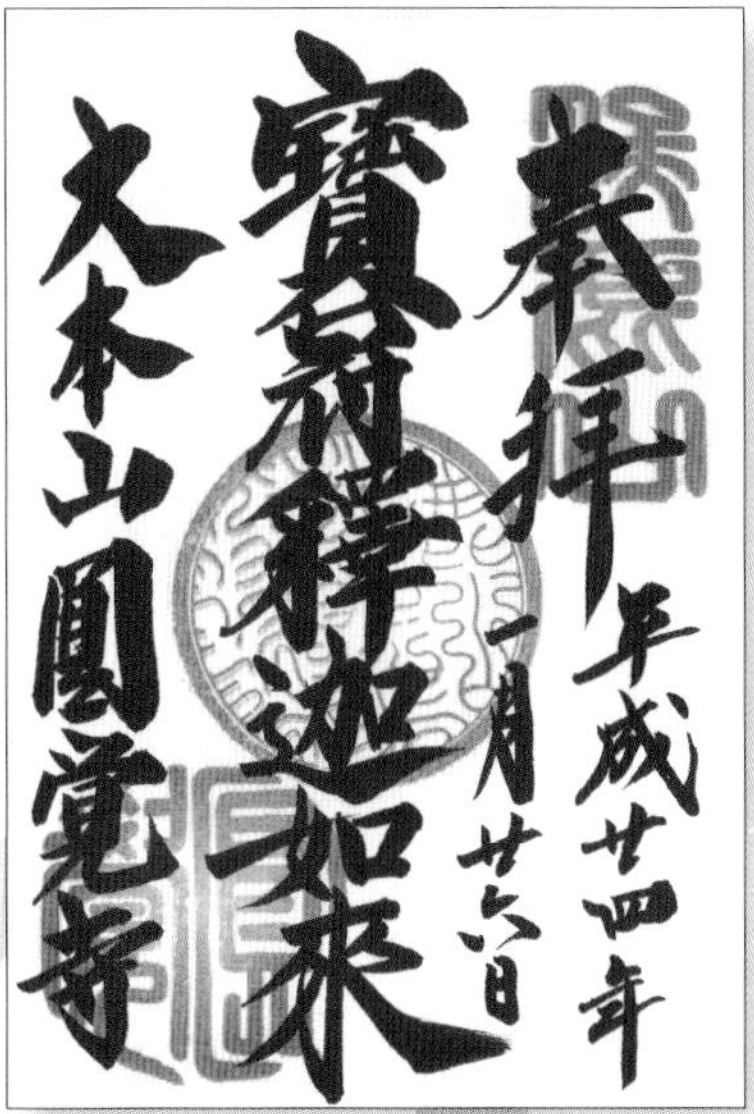

若き夏目漱石もくぐった山門

ワンポイント

夏目漱石は30歳のとき再び円覚寺を訪れて俳句を詠んでいる。「仏性は白き桔梗《ききょう》にこそあらめ」。近代日本を代表する知識人、漱石は仏教にも深い関心を持っていた。

◉本尊　宝冠釈迦如来（盧舎那仏）
◉参拝時間　午前8時～午後4時30分（冬期は4時）
◉参観料　300円
◉アクセス　**鉄道・バス**／JR横須賀線「北鎌倉駅」より徒歩約1分。
車／横浜横須賀道路「朝比奈IC」より約20分。
◉駐車場　無（周辺の一般有料駐車場を利用）

〒247-0062　神奈川県鎌倉市山ノ内409
TEL.0467-22-0478　https://www.engakuji.or.jp/

国上寺《こくじょうじ》

本来無一物《ほんらいむいちもつ》の良寛が住んだ五合庵《ごごうあん》

心のなごむ、越後の古刹

国上《くがみ》山の中腹にある国上寺は「くがみでら」とも呼ばれる。和銅二（七〇九）年、弥彦大神《いやひこのおおかみ》の託宣で創建されたと伝える越後有数の古刹。平安時代末の説話集『今昔物語集』には、国上寺の僧が雷神を捕らえた話が載っている。優れた歌や書を残した江戸時代の僧、良寛ゆかりの「五合庵」が、境内にあることでも有名だ。

良寛は、宝暦八（一七五八）年、出雲崎の庄屋の家に生まれた。十八歳で出家し、備中（現岡山県）の寺で十一年間、修行後、諸国を行脚《あんぎゃ》。四十歳ころ越後に戻る。二年間ほど別の寺にいたが、五十九歳で麓の神社に移るまで十七年間、五合庵で暮らした。日々の糧を托鉢《たくはつ》で得た良寛は、村人と語らい、子

越後の古刹、国上寺の本堂

地蔵菩薩の種子「カ」の印を押し、良寛がお参りに使っていた「枕地蔵」を墨書。右上は「良寛隠棲之地」の印。左下は「五合庵印」に「くがみ山　五合庵」。

供と手毬をして遊んだ。凧の字をせがまれると喜んで「天上大風」と書いたという。正直、純真、無邪気な人柄で、周囲の人々と自然を愛し、七十四歳で心安らかに入寂《にゅうじゃく》した。

本堂の近くに「国上《くがみ》の大殿《おおとの》の前の一つ松　上《ほ》つ枝《え》は照る日をかくし　中つ枝は鳥を住ましめ」の歌碑がある。五合庵の前には「焚《た》くほどは風がもて来る落ち葉かな」の句碑がある。良寛の歌や句は、どれも優しく温かい。おおらかで、自由で幸せそうな良寛の生き方は、時代を超えて私たちを魅了する。

良寛が住んだ五合庵

ワンポイント

国上寺の中腹は五合庵から千眼堂吊り橋を通って朝日山展望台まで景色の良いハイキングコースになっている。展望台の広場には子供たちと遊ぶ良寛の像もある。

- ◉本尊　阿弥陀如来
- ◉参拝時間　午前8時30分～午後4時30分（冬期は4時）、2月～3月中旬は閉山
- ◉参拝料　300円
- ◉アクセス　**鉄道・バス**／JR越後線「分水駅」よりタクシー約15分。**車**／北陸自動車道「三条燕IC」より約30分。
- ◉駐車場　約50台（燕市分水ビジターサービスセンター駐車場）

〒959-0136　新潟県燕市国上1407
TEL.0256-97-3758　https://www.kokujouji.com/

勝海舟が住んだ赤坂の鎮守

赤坂氷川《ひかわ》神社

回想録『氷川清話』が生まれた地

赤坂氷川神社は、『忠臣蔵』の「南部坂雪の別れ」で知られる南部坂の近くにある。八代将軍徳川吉宗が社殿を建てた。『江戸名所図会』には「祭神当国一宮に相同じ。赤坂の総鎮守」と記されている。

幕末、神社の裏に勝海舟の屋敷があった。維新後、海舟は徳川慶喜《よしのぶ》に従って静岡に行くが、明治五(一八七二)年、政府の要請で上京すると、再び赤坂氷川神社の近くに住み、『氷川清話』などの回想録を残した。海舟の言葉は、歯切れが良くて痛快だ。

「人はよく方針々々といふが、方針を定めてどうするのだ。およそ天下の事は、あらかじめ測《はか》り知ることの出来ないものだ」

「いはゆる座忘《ざぼう》といって、何事もすべて忘れてし

都心とは思えない樹木生い茂る境内

まって、胸中濶然《かつぜん》として一物を留めざる境界に至って、初めて万事万境に応じて、横縦自在の判断が出るのだ」

「およそ仕事をあせるものに、大事業が出来たというふ例《ためし》がない」

海舟は長崎の海軍伝習所にいたとき外国人教師から「時間さへあらば、市中を散歩して、何事となく見覚えておけ、いつかは必ず用がある」と教えられ、それを実践し、習慣にした。海舟は行動することで生き方を学んだのだ。

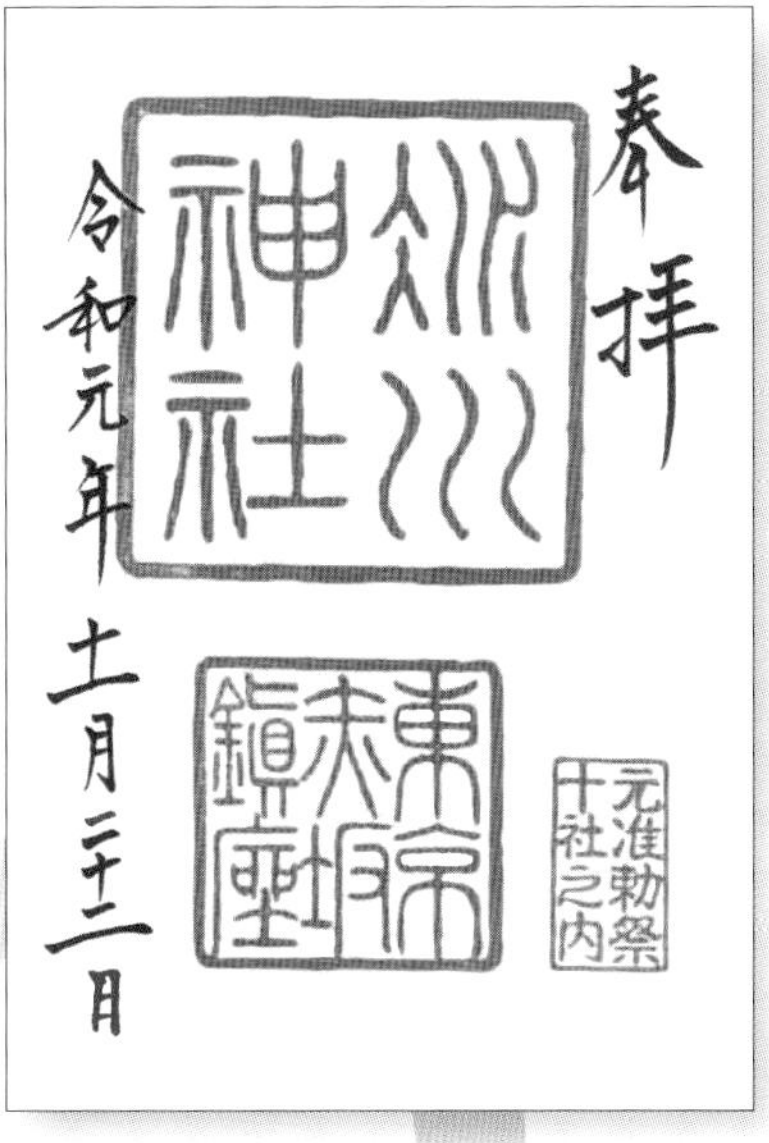

「氷川神社」と「東京赤坂鎮座」の印。氷の字に正字「冰」を使っている。右下「元准勅祭十社之内」の印は、明治に東京の主な神社として選定されたことを示す。

社殿は８代将軍徳川吉宗が建立

ワンポイント

境内の四合《しあわせ》稲荷神社は、古呂《ころ》故《こ》稲荷、地頭《じぬし》稲荷、本氷川稲荷、玉川稲荷の４社を合祀した際、勝海舟が名付けた。社名が「幸せ」に通じるとして人気がある。

◉主祭神　素盞嗚尊（すさのおのみこと）、奇稲田姫命（くしいなだひめのみこと）、大己貴命（おおなむぢのみこと）
◉参拝時間　午前6時（窓口8時30分）〜午後5時30分　◉参拝料　無料
◉アクセス　**鉄道・バス**／地下鉄千代田線「赤坂駅」、または日比谷線・大江戸線「六本木駅」より徒歩約8分。
車／首都高速道路「飯倉IC」より約5分。
◉駐車場　約8台

〒107-0052　東京都港区赤坂6-10-12
TEL.03-3583-1935　https://www.akasakahikawa.or.jp/

目黒不動瀧泉寺《りゅうせんじ》

短い夢でも人は出世や栄華を求める

昔から開運、諸願成就で名高い寺

「目黒不動尊は霊験いちじるしく、あまねく諸人《しょにん》の知るところなり」。これは、江戸時代の戯作者、恋川春町《こいかわはるまち》が書いた『金々先生栄華夢《きんきんせんせいえいがのゆめ》』の冒頭に載っている瀧泉寺の解説だ。

目黒不動は、平安時代、慈覚《じかく》大師円仁《えんにん》が比叡山に赴く途中、この地で夢に見た不動明王を彫刻し、安置したことに始まるという。江戸時代、目黒が徳川将軍家の鷹狩り場だった縁で三代将軍家光が堂宇を造営すると、「江戸中老若男女群集《ぐんじゅ》す」（『武江《ぶこう》年表』）と書き記されるほど、参詣者が集まった。

『金々先生栄華夢』の主人公、金兵衛は田舎から江戸に出て来て、まず目黒不動に向かう。「名に高き目黒不動尊は運の神なれば、これへ参詣して運の

独鈷の滝の水かけ不動

三宝印に「不動明王」の種子「カーン」を重ねた宝印を押し、「不動明王」と墨書。右上に「関東最古不動霊場」の印。左下に「目黒瀧泉寺」と書き、「目黒不動尊印」。

ほどを祈らん」ためだ。金兵衛は、すぐさま運をつかみ、大店《おおだな》の養子になる。彼は服装や髪形を当世風にし、芸者を集めて酒宴を開く。人々が彼をちやほやするのは金を持っているからなのだが、本人はそれに気づかない。やがて浪費に怒った養父は金兵衛を追い出す。金兵衛が途方に暮れていると、目黒不動の門前の粟餅《あわもち》屋で目が覚めた。

中国の故事「邯鄲《かんたん》の枕」と同じで栄華は一炊《いっすい》の夢だったのである。そんな話の舞台になるほど、目黒不動の諸願成就の評判は高かった。

「泰叡山」の扁額を掲げる仁王門

ワンポイント

境内の「独鈷《とっこ》の滝」は、慈覚大師が湧き出させたと伝わる霊泉。行者が身体のけがれを払う垢離《こり》場である。合掌礼拝して水かけ不動に霊水をかけてみよう。

◉本尊　不動明王
◉参拝時間　午前9時～午後5時
◉参拝料　無料
◉アクセス　鉄道・バス／東急電鉄目黒線「不動前駅」より徒歩約15分。
◉駐車場　無

〒153-0064　東京都目黒区下目黒3-20-26
TEL.03-3712-7549　http://park6.wakwak.com/~megurofudou/

柴《しば》又《また》帝《たい》釈《しゃく》天《てん》題《だい》経《きょう》寺《じ》

懐かしい参道風景もこの寺の御利益

須弥山《しゅみせん》の頂上の城で仏の教えを守る

参道の商店街は、映画『男はつらいよ』の舞台。草だんごを商う店が並び、映画の登場人物が現れそうな雰囲気を感じさせる。商店街の先は、帝釈天をまつる題経寺。二天《にてん》門と呼ぶ彫刻の見事な楼門を入ると、龍のように這う松の奥に帝釈堂がある。

帝釈天は仏法を守護する神で、世界の中心にそびえる須弥山の頂上の忉利天《とうりてん》の喜見城《きけんじょう》（善見《ぜんけん》城ともいう）に住んでいる。帝釈堂に参拝することは、天上の喜見城を拝礼することになる。そのような寺の門前で生まれ育つのは、うらやましいことだ。

『男はつらいよ』シリーズの第三十九作『寅次郎物語』に、寅さんが高校生になった甥の満男から質問を受ける場面がある。

参道商店街の突き当りに二天門

「おじさん。人間は何のために生きているのかな」と満男はたずねる。

寅さんは「難しいこと聞くなあ。うーん、なんていうかなあ。ほら、生まれてきてよかったって思うことが何べんかあるじゃない。そのために人間生きてんじゃねえのかな。そのうちお前にもそういうときが来るよ」と言う。

寅さんは、学問はしていないが、生きていくなかで物事を真剣に学んできたから、若者の真摯な問いに答えることができるのだろう。

題経寺の寺紋「雷紋」に「東京・柴又・帝釈天王・題経寺」と記した印を押し、「帝釈天王」と墨書。右上には「善見堂」と彫った印。左下に「題経寺」と書き、寺印。

江戸川の矢切の渡し

ワンポイント

映画『男はつらいよ』の世界にひたりたくなったら、題経寺から徒歩5分の「葛飾柴又寅さん記念館」へ。江戸川の堤防の散歩や矢切の渡しもおすすめ。

◉本尊　大曼荼羅
◉参拝時間　午前9時～午後4時
◉参拝料　無料、庭園・彫刻ギャラリー　400円
◉アクセス　**鉄道・バス**／京成電鉄金町線「柴又駅」より徒歩約5分。**車**／首都高速道路「四つ木出入口」より約20分。
◉駐車場　幼稚園専用のため、江戸川河川敷の柴又公園駐車場を利用。

〒125-0052　東京都葛飾区柴又7-10-3
TEL.03-3657-2886　http://www.taishakuten.or.jp/

金《きん》峯《ぷ》山《せん》寺《じ》

修験道の祖、役行者《えんのぎょうじゃ》が感得した蔵王権現

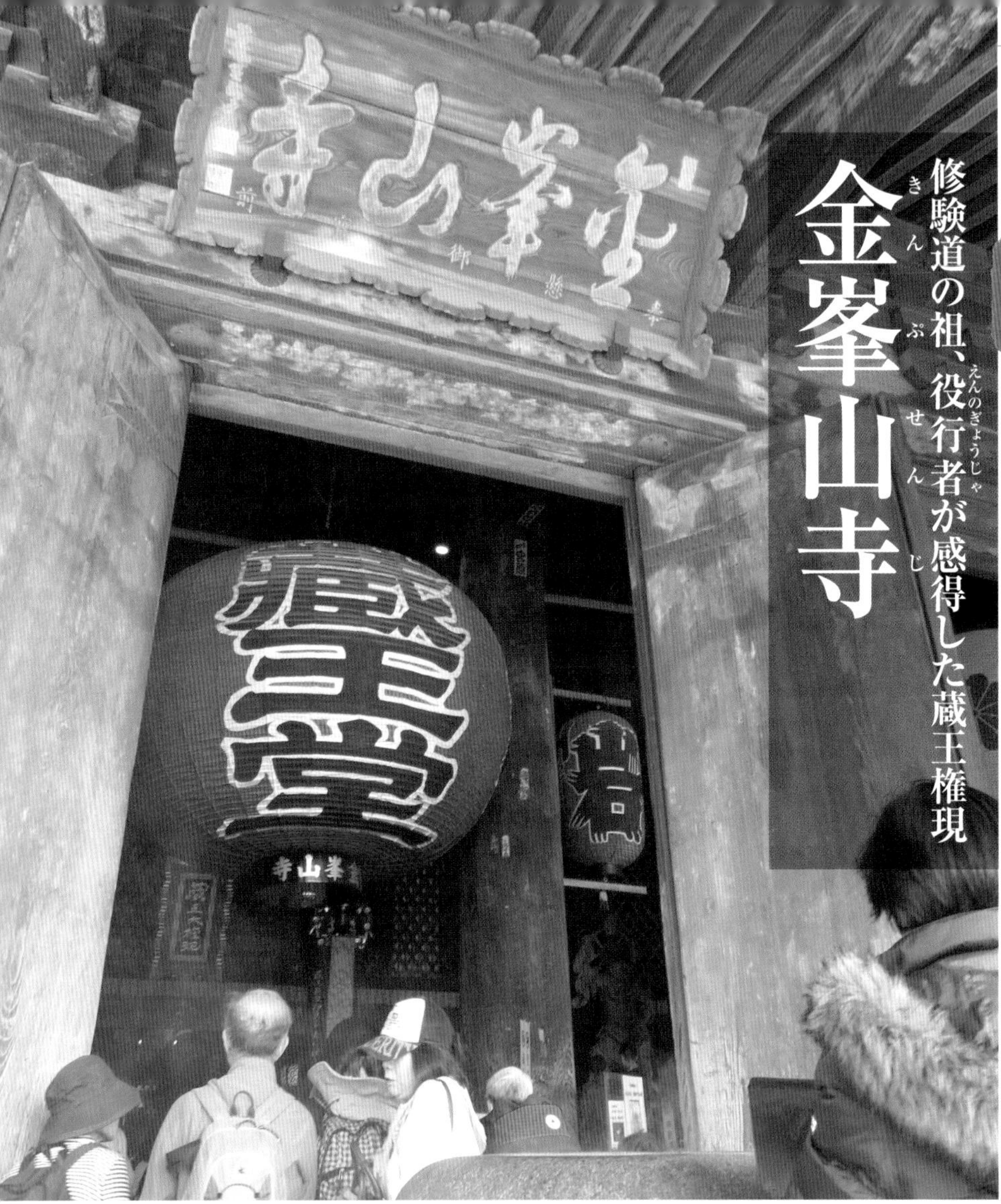

蔵王権現の巨像がまつられている蔵王堂

◉本尊　金剛蔵王大権現
◉参拝時間　午前8時30分〜午後4時30分（受付は午後4時まで）
◉参拝料　500円、特別御開帳の期間1000円
◉アクセス　**鉄道・バス**／近鉄吉野線「吉野駅」より徒歩約3分の吉野大峯ケーブル「千本口駅」でロープウェイ乗車、約3分の「吉野山駅」で下車、徒歩約10分。**車**／南阪奈道路「葛城IC」より約1時間20分。
◉駐車場　無、吉野山観光駐車場（約400台）を利用

〒639-3115　奈良県吉野郡吉野町吉野山
TEL.0746-32-8371　https://www.kinpusen.or.jp/

力強さと滑らかさを併せ持つ筆運びで「蔵王堂 金峯山寺」を墨書。蔵王権現の種子「ウン」の宝印と「吉野山蔵王堂」の印を押す。右上「奉拝」に「金峯山」の印。

参道に立つ銅の鳥居

吉野山の巨大な蔵王堂

吉野は古代から特別な場所だ。万葉の時代には、吉野川の宮滝《みやたき》辺りに離宮があり、天武天皇や持統天皇が行幸した。

吉野山から南の山上《さんじょう》ケ岳に至る山並みは「金峯山」と呼ばれ、修験道の聖地である。七世紀、役行者は厳しい修行により、山上ケ岳で蔵王権現を感得。桜の木で像を彫り、山上ケ岳と吉野山にまつったという。それが、山上ケ岳の大峯山《おおみねさん》寺《じ》、吉野山の金峯山寺の起源であり、山上、山下《さんげ》の蔵王堂として信仰されてきた。

桜の木は蔵王権現の神木として奉納、保護され、吉野山は、奥、上、中、下、それぞれ「一目千本」と称される桜の名所になった。

「昔たれかゝる桜のたねをうゑて吉野を春の山となしけむ」。詠み人の藤原良経に答えるなら、それは蔵王権現に祈ってきた

❶威容を誇る蔵王堂　❷蔵王堂の開帳と花見で活気のある境内　❸桜花に包まれた蔵王堂　❹一目千本とたたえられる吉野の桜

人々だ。

　下千本の吉野駅の方から参道を上って来て、銅《かね》の鳥居ともいう発心《ほっしん》門を過ぎれば、神の世界であり、仏の浄土。金峯山寺の仁王門を入り、蔵王堂の正面に回ると、だれもが建物の巨大さに驚く。堂内、三体の蔵王権現像は秘仏だが、開帳されることもある。拝観できれば、これまた驚くことだろう。青黒い怒りの表情で髪を逆立て、足を蹴り上げた姿は、もの凄い迫力である。だが、どこか慈悲も感じさせる。

ワンポイント

吉野山は下千本から上千本まで標高差があり、桜も紅葉も長期間楽しめる。金峯山寺の蔵王堂にお参りしたあとは、吉水神社や如意輪寺にも足を延ばしたい。

第7章

「『令和』を寿ぐ」御朱印めぐり

第7章 1

明治神宮

明治天皇が皇后のために植えた花菖蒲

広大な境内の奥にある本殿

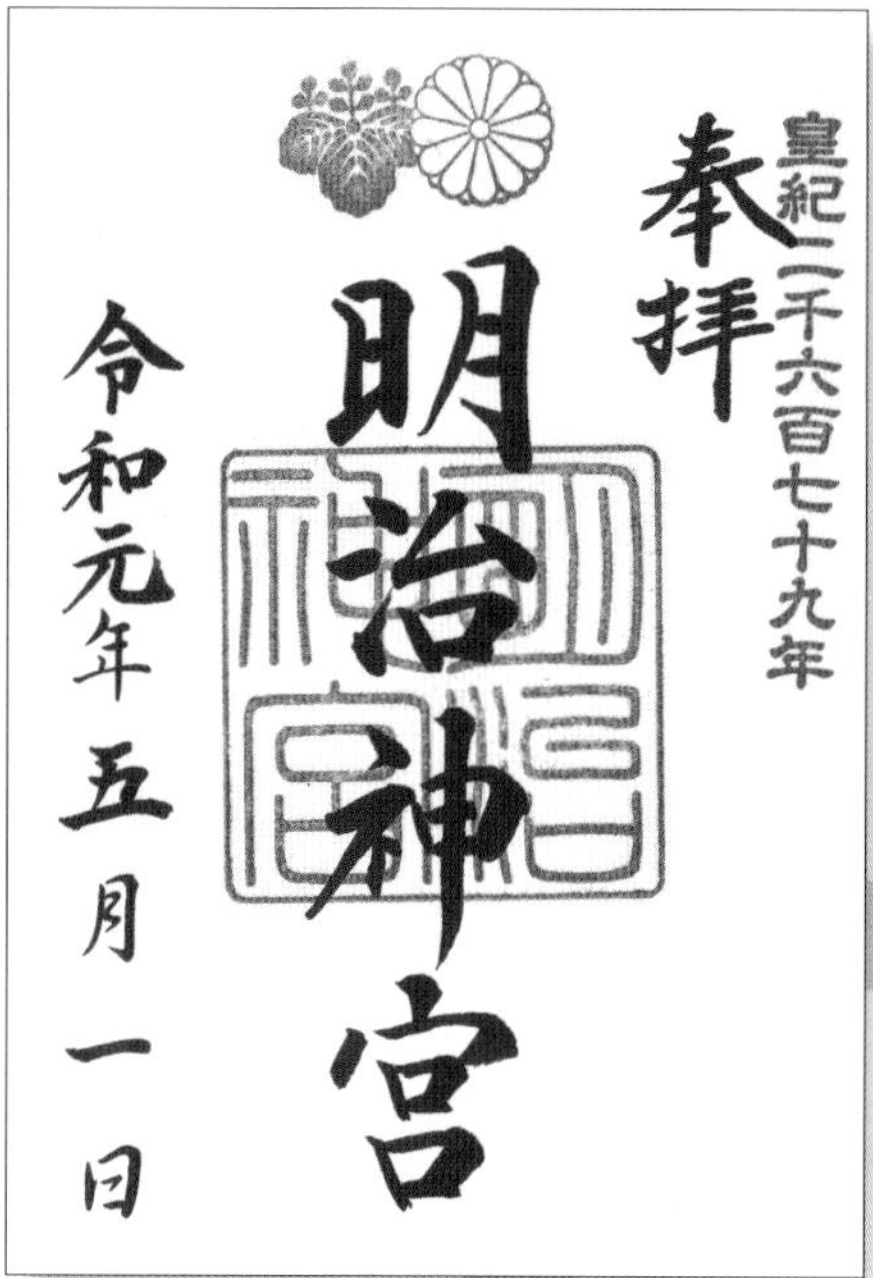

中央に「明治神宮」の社印と墨書。その上に「十二弁の菊」と「五三の桐」を組み合わせた社紋。右上に「皇紀二千六百七十九年」の印。令和初日の日付の御朱印。

聖徳《せいとく》をしのび敬いまつる

「平成」から「令和」に元号が変わった二〇一九年五月一日、明治神宮の御朱印を求める人の行列が、最大「十時間待ち」に達したことは、新聞やテレビで大きく報道された。

明治神宮では改元に際し、ほかの多くの神社のように特別な御朱印を用意することはなく、元号と日付以外は、普段いただけるものと同じだった。にもかかわらず大勢の人が集まったのは、皇室ゆかりの神社だからである。

明治神宮は、明治天皇と明治天皇の皇后の昭憲《しょうけん》皇太后《こうたいごう》をまつっている。

社叢《しゃそう》に囲まれて本殿が鎮座する内苑が代々木にあり、聖徳記念絵画館やスポーツ施設の立ち並ぶ外苑が青山にある。広大

◉主祭神　明治天皇、昭憲皇太后
◉参拝時間　日の出から日の入り（毎月異なる）。御苑は午前9時（6月は8時）〜午後4時30分（冬期は4時。6月の平日は5時、土日曜は6時）
◉参拝料　無料、御苑は維持協力金500円
◉アクセス　**鉄道・バス**／JR山手線「原宿駅」より徒歩すぐ。
車／首都高速道路「外苑出入口」より約5分。代々木口（北口）を利用。
◉駐車場　約160台

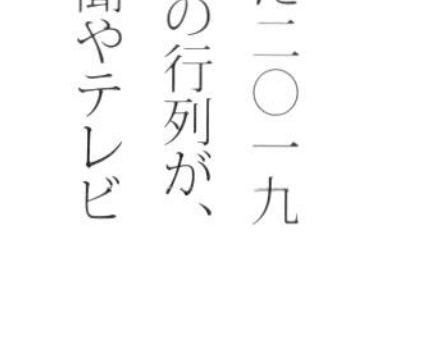

〒151-8557　東京都渋谷区代々木神園町1-1
TEL.03-3379-5511　http://www.meijijingu.or.jp/

❶外国人観光客の参拝者も多い　❷あでやかに咲く御苑の花菖蒲　❸満々と水をたたえる南池

な境内を有する神社だ。

皇后が釣りを楽しまれた池

明治四十五（一九一二）年七月三十日、明治天皇が崩御すると、聖徳をしのんで天皇をまつる神社建設の機運が高まり、国会で議決。大正三（一九一四）年には、昭憲皇太后が崩御し、明治神宮に合祀することが決まった。社地は、青山練兵場（現外苑）と、皇室の所有地だった南豊島御料地（現内苑）が選ばれた。

造営工事は、大正四（一九一五）年十月に始まり、八（一九一九）年七月に完了。境内には全国から献木された約十万本の樹木が、青年団の勤労奉仕によって植えられ、武蔵野に森ができた。そして、大正九（一九二〇）年十一月一日、両祭神の鎮座祭が執り行われた。

昭和二十（一九四五）年四月、大東亜戦争の空襲で社殿が焼失。仮殿を経て、昭和三十三（一九五八）年、現在の本殿が再建された。

明治神宮内苑の境内は広い。流麗な屋根の拝殿前

❹手水舎に明治天皇、昭憲皇太后の和歌を奉掲　❺加藤清正が掘ったと伝わる清正井　❻令和元年5月1日の御朱印を求める人の列

も良いが、さらに気持ちのよい場所は、宝物殿前の芝地と北池、それから御苑内の南池から菖蒲田の小道。清正井は湧水によるもので、東京都区部では貴重だ。南池には御釣台があるが、昭憲皇太后は、しばしば釣りを楽しまれたという。

御苑の花菖蒲は、明治天皇が皇后のために植えた。初夏に訪れると、艶やかな花が咲き、都会を離れて水郷にでも出かけた気分になる。

ワンポイント

明治神宮の南、東、西の手水舎の柱には、毎月、明治天皇の和歌「御製《ぎょせい》」と昭憲皇太后の和歌「御歌《みうた》」が掲げられている。読んで大御心《おおみこころ》を知り、季節感を味わおう。

伊勢神宮の旧社殿に参拝できる
伊《い》勢《せ》山《やま》皇《こう》大《たい》神《じん》宮《ぐう》

石段を上り、鳥居をくぐり、本殿に近づく

文明開化の街、横浜の鎮守

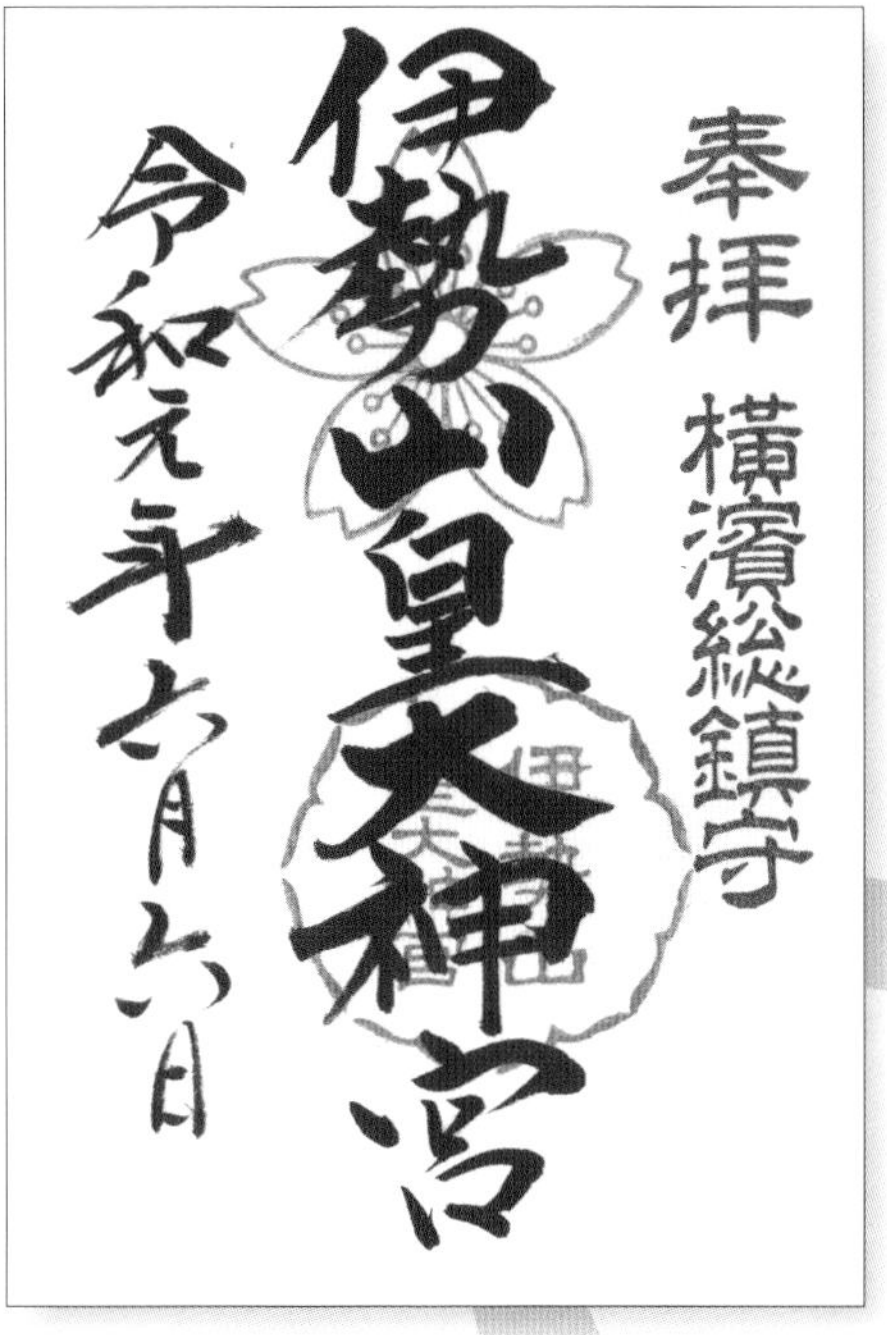

桜の花の社紋と社印を押し、「伊勢山皇大神宮」と墨書。桜の社紋は創建当時、横浜有数の桜の名所だったことに由来する。右に「奉拝　横濱総鎮守」の印。

「横浜の総鎮守」であり、「関東のお伊勢さま」としても広く信仰されている神社。

皇大神宮は、元来、伊勢神宮の天照大神《あまてらすおおみかみ》をまつる内宮をいう。伊勢山皇大神宮は、横浜の伊勢神宮ということになる。

幕末から明治初期にかけて横浜ほど急激に繁栄した街はない。黒船の来航によって日本が開国すると、横浜は江戸・東京の外港として、鄙びた漁村から国際貿易港に発展していく。西洋文化の受け入れ口として「文明開化」をリードする。鉄道、ガス事業、新聞、下水道、ざんぎり頭、アイスクリーム、クリーニング、吹奏楽、テニス…。横浜の街角には、日本が西洋から

◉主祭神　天照大御神
◉参拝時間　午前8時30分～午後6時30分頃（祈祷は午前9時～午後4時）
◉参拝料　無料
◉アクセス　**鉄道・バス**／JR根岸線・横浜市営地下鉄「桜木町駅」より徒歩約10分。**車**／首都高速道路横羽線「みなとみらい出入口」より約5分。または横浜横須賀道路「狩場IC」より約10分。
◉駐車場　約30台

〒220-0031　神奈川県横浜市西区宮崎町64
TEL.045-241-1122　http://www.iseyama.jp/

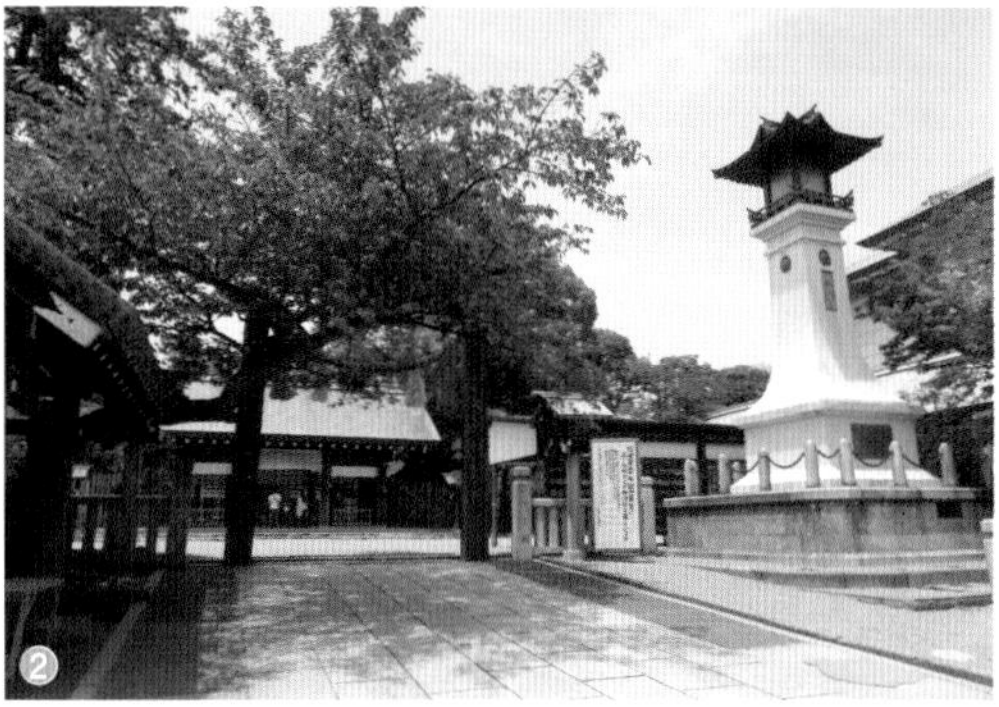

取り入れた産業や文物のありとあらゆる発祥の記念碑が立っている。

欧化に戸惑う人々の心の支え

明治三（一八七〇）年、神奈川県知事の井関盛艮《もりとめ》が、同じ横浜の戸部村にあった古社を、開港場を一望する現在地の高台に遷座した。

井関は「急激な近代化西洋化の流れのなかでも、横浜の人々が日本の国柄を見失わないために、心のよりどころとして、また象徴として、国家を鎮護する天照皇大神をまつる荘厳な神殿を築く」と告諭したという。

遷座祭は五日にわたって盛大に執り行われた。明治二（一八六九）年、馬車道にアイスクリーム店が開業していたが、評判になり繁盛したのは、この祭礼のときからだという。

伊勢山皇大神宮は、横浜の名所の一つになり、文明開化の産物や風景を題材にした浮世絵「横浜絵」にも描かれた。

参道の石段を上り、鳥居をくぐると二本の石柱の

❶注連柱の先に拝殿　❷「照四海」という名の常夜灯　❸みなとみらい地区の高層ビルが見える　❹掃部山公園に立つ井伊直弼の銅像　❺境内に大神神社の磐座　❻天の岩屋戸開きを描いた絵馬

間に神域を示す注連縄《しめなわ》が張ってある。柱には、それぞれ「神徳天高《しんとくてんたかく》　四海清平《しかいせいへい》」「皇国地久《こうこくちひさしく》　萬民歓楽《ばんみんかんらく》」と刻まれている。

高台にある境内は明るく開放的だ。港や街並みは望めないが、緑の向こうにみなとみらいのランドマークタワーがそびえている。

拝殿の奥の本殿は真新しく見える。令和二年に迎える創建百五十年を慶賀して伊勢神宮の内宮の旧社殿を譲り受けて移築したもの。この機会に参拝しては、いかがだろう。

ワンポイント

伊勢山皇大神宮の北の掃部山《かもんやま》公園は、みなとみらいのビル群の眺めがよい。開国によって横浜を発展に導いた幕末の大老で掃部頭と称した井伊直弼《なおすけ》の銅像がある。

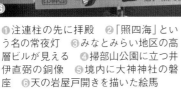

高水山常福院《たかみずさんじょうふくいん》

ご結婚一周年記念に登られた山の古刹

不動堂の前に登山記念碑

天皇陛下は、登山を趣味とされ、北アルプス、南アルプス、八ケ岳、北海道の大雪山、九州の開聞岳など全国各地の山々に登られている。

平成六（一九九四）年六月十六日には、奥多摩の高水三山の登山を楽しまれた。前年六月のご結婚後、初めてのご夫妻での登山だった。午前十時過ぎ、青梅市上成木の登山口を出発し、昼前に標高七五九メートルの高水山の山頂に到着。午後は、尾根伝いに岩茸石山《いわたけいしやま》（七九三メートル）、惣岳山《そうがくさん》（七五六メートル）に登られている。梅雨時だが、晴天に恵まれ、当時の新聞には、奥多摩の自然を満喫されているご夫妻の写真が掲載された。

高水山の山頂近くには古刹、高水山常福院龍学寺

天皇皇后両陛下の登山記念碑

があり、境内の不動堂の前に「御結婚一周年記念登山　祝皇太子殿下雅子妃殿下御来山」の碑が立っている。

上成木の集落からの山道は、麓の常福院の不動堂の参道で、杉林の中を一時間半ほど登ると「高水山」の扁額を掲げた山門に到着する。常福院は「多摩新四国八十八カ所霊場」の四十九番札所。不動堂にまつられている波切白不動明王は、世の荒波を切り開く「開運」の御利益がある。山上に住職が不在の場合、麓の寺でも御朱印をいただくことができる。

不動明王の種子「カーン」の火焔宝珠の宝印を押し、種子と「不動尊」を墨書。右上に「霊場多摩新四国第四九番」の印を押す。左下に「常福院龍学寺」と書き、寺印。

波切白不動明王をまつる不動堂

ワンポイント

高水山、岩茸石山、惣岳山の縦走は登山装備が必要。上成木から不動堂まで林道も通っているが、倒木や落石で通行止めの場合もある。寺に電話で確認するとよい。

◉本尊　波切白不動明王
◉参拝時間　午前9時〜午後3時
◉参拝料　無料
◉アクセス　**鉄道・バス**／JR青梅線「青梅駅」よりバス約40分「上成木」下車、徒歩約1時間30分。
車／圏央道「青梅IC」より約1時間。
◉駐車場　数台

〒198-0001　東京都青梅市成木7-1192
TEL.0428-74-6433

昭和天皇武蔵野陵《むさしののみささぎ》

即位の礼、大嘗祭のあとご親謁

美しい緑に包まれた陵墓

天皇、皇后両陛下は、「即位の礼」と「大嘗祭」を終えられたことを報告するため二〇一九年十二月三日、武蔵陵《むさしりょう》墓地にある昭和天皇の武蔵野陵と大正天皇の多摩陵《たまのみささぎ》を親謁された。武蔵陵墓地は、昭和二（一九二七）年、大正天皇の陵所として選定され、将来にわたり陵墓を営建する地とされている。現在は、大正天皇多摩陵、貞明《ていめい》皇后多摩東陵《ひがしのみささぎ》、昭和天皇武蔵野陵、香淳《こうじゅん》皇后武蔵野東陵の四陵がある。

大正天皇の多摩陵の陵名は、『万葉集』に出てくる「多摩の横山」という言葉や武蔵国の中心だった多摩郡という地名に由来して定められた。昭和天皇の武蔵野陵は、「武蔵野」が『万葉集』に見られる古い言葉であることや、昭和天皇が御製《ぎょせい》（和歌）で「武

緑濃い参道

蔵野」を読まれ、その自然を愛されたことから定められた。皇后の「東陵」は、それぞれ多摩陵、武蔵野陵の東側に陵墓が設けられたことに由来する。

　昭和天皇は大正天皇の第一皇男子として明治三十四年誕生。御名は裕仁《ひろひと》。昭和六十四年、八十七歳で崩御された。香淳皇后は久邇宮《くにのみや》邦彦王の第一王女。大正十三年、皇太子裕仁親王とご結婚。平成十二年、九十七歳で崩御された。

　墓地の入口から北山杉の美しい参道を歩むと、上円下方の形をした陵墓が見えてくる。

「昭和天皇武蔵野陵香淳皇后武蔵野東陵」の御陵印が紙面に押してあるのみ。書き込みはない。御陵印は押していただくことも自分で押印することもできる。

昭和天皇武蔵野陵

ワンポイント

武蔵陵墓地は昭和天皇の武蔵野陵が造営されるまで「多摩御陵」と称していたため、現在でも国道20号（甲州街道）の交差点は「多摩御陵入口」となっている。

◉天皇名、皇后名　大正天皇、貞明皇后、昭和天皇、香淳皇后
◉参拝時間　午前9時～午後4時　◉参拝料　無料
◉アクセス　**鉄道・バス**／JR中央本線・京王電鉄高尾線「高尾駅」より徒歩約20分。**車**／圏央道「高尾IC」より約15分。
◉駐車場　有

〒193-0824　東京都八王子市長房町
TEL.042-661-0023
http://www.kunaicho.go.jp/ryobo/guide/124/index.html

「大人の御朱印」社寺マップ

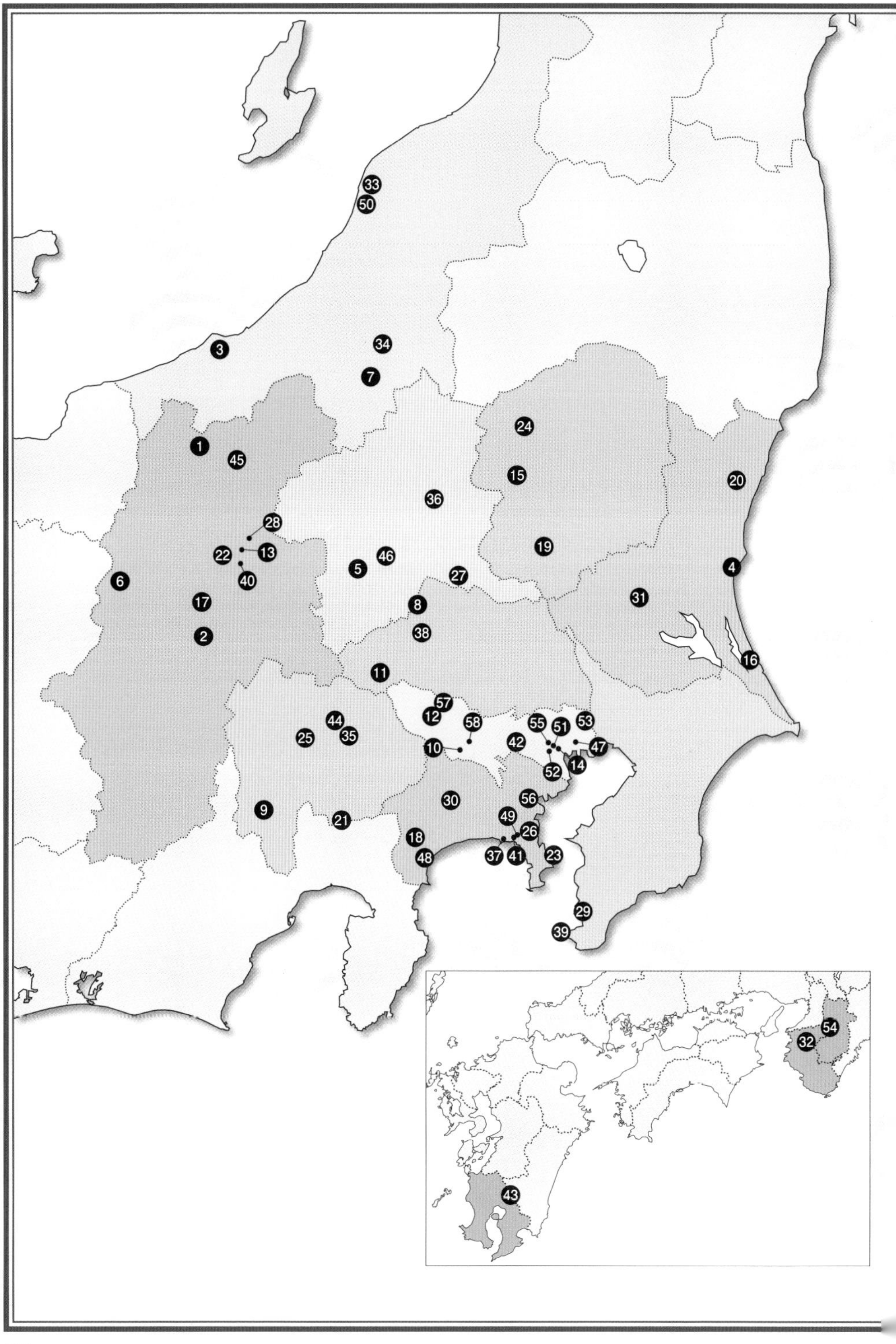

33
50
3
34
7
24
1
45
15
20
36
28
22
13
19
6
5
46
40
27
4
17
8
31
2
38
16
11
57
12
58
55
51
53
44
25
35
10
42
47
52
14
30
56
9
21
49
26
18
37
41
23
48
29
39
54
32
43

重信秀年　（しげのぶ・ひでとし）

1961年広島市生まれ。早稲田大学卒。高校時代は山岳部、大学時代は探検部に所属。高校の国語教諭、広告の制作会社などを経て、フリーライターに。主な著書に『運気を開く霊山巡拝』（六月書房）、『「江戸名所図会」でたずねる多摩』（けやき出版）、『関東 楽しく歩こう！ ウォーキングコースガイド』（メイツ出版）など。

50にして天命を知る **大人の御朱印**

2020年2月27日　第1刷発行

著　者 ……………… 重信秀年

発行者 ……………… 安藤篤人

発行所 ……………… 東京新聞

〒100-8505　東京都千代田区内幸町2-1-4

中日新聞東京本社

電話［編集］03-6910-2521　［営業］03-6910-2527

FAX 03-3595-4831

デザイン ……… 株式会社ポンプワークショップ

写真撮影 ……… 重信秀年

地図製作 ……… 奥村紀和夫

イラスト ……… ナギラ ヒデアキ

印刷・製本 …… 株式会社シナノ パブリッシング プレス

ⓒ 2020 Shigenobu Hidetoshi Printed in Japan
ISBN978-4-8083-1043-1　C0026

◎定価はカバーに表示してあります。乱丁・落丁本はお取りかえします。

◎本書のコピー、スキャン、デジタル化等の無断複製は著作権法上での例外を除き禁じられています。本書の代行業者等の第三者に依頼してスキャンやデジタル化することは、たとえ個人や家庭内での利用でも著作権法違反です。